존리가 알려주는 부자엄마 되는 법

**존리가 알려주는
부자엄마 되는 법**

초판 1쇄 발행 | 2025년 4월 3일

지은이 | 존리, 지수희
펴낸이 | 박영욱
펴낸곳 | 북오션

주 소 | 서울시 마포구 월드컵로 14길 62 북오션빌딩
이메일 | bookocean@naver.com
네이버포스트 | post.naver.com/bookocean
페이스북 | facebook.com/bookocean.book
인스타그램1 | instagram.com/bookocean777
인스타그램2 | instagram.com/supr_lady_2008
X | x.com/b00k_0cean
틱톡 | www.tiktok.com/@book_ocean17
유튜브 | 쏠쏠TV·쏠쏠라이프TV
전 화 | 편집문의: 02-325-9172   영업문의: 02-322-6709
팩 스 | 02-3143-3964

출판신고번호 | 제 2007-000197호

ISBN 978-89-6799-874-5 (03320)

*이 책은 (주)북오션이 저작권자와의 계약에 따라 발행한 것이므로 내용의 일부 또는 전부를
 이용하려면 반드시 북오션의 서면 동의를 받아야 합니다.
*책값은 뒤표지에 있습니다.
*잘못 만들어진 책은 구입하신 서점에서 교환해 드립니다.

머리말

존리
《존리가 알려주는 부자엄마 되는 법》을 출판하며...

저는 많은 부모님께 질문을 합니다. 자녀가 어떤 사람으로 성장하기를 원하시는지. 머뭇거리는 부모님께 저는 다시 한 번 질문합니다.

"자녀가 부자가 되길 원하세요? 아니면 공부 잘하는 사람이 되길 원하세요?"

거의 대부분의 부모님들은 전자를 택합니다. 부자가 될 만한 아이로 키우고 싶어합니다. 그런데 부모님들은 자녀들이 부자가 되는 것을 간절히 원하면서 아이들에게 부자가 되는 방법을 가르쳐 주지는 않습니다. 왜 그럴까요? 이유는 간단합니다. 부모님 스스로도 부자가 되는 방법을 배우지 않았기 때문입니다.

남들을 따라 하고 시험 경쟁에서 이기면 부자가 될 것으로 착각합니다. 다른 생각을 하는 것에 대한 두려움이 있거나 혹은 스스로 괜찮을 것이라고 애써 최면을 걸고 있는지도 모릅니다.

아이들을 부자로 만들려면 돈에 대해서 가르쳐야 합니다. 돈을 어떻게 벌고, 돈을 벌려면 어떤 직업을 선택해야 하고, 어떻게 저축을 하고, 어떻게 투자를 하는 것인지 가르쳐야 합니다. 부모님이 지식이 없다면 같이 공부를 해야 합니다.

많은 유대인이 부자인 이유는 일찍부터 돈 공부를 시작하기 때문입니다. 돈에 대한 공부를 좀 더 체계적으로 하는 방법은 금융에 관한 지식을 쌓는 것입니다.

금융에 관한 지식이 부족한 것을 '금융문맹'이라고 합니다. 안타깝게도 한국의 금융문맹율은 세계 최고 수준입니다. 금융문맹은 반드시 대가를 치르게 되어 있습니다. 그 대가를 치르는 사람들이 우리 아이가 될 수도 있습니다.

잘못된 돈에 대한 인식과 태도가 우리 자녀들의 미래를 어둡게 합니다. 지난 10년간 공부만 잘하면 부자가 될 것으로 착각하는 '사교육' 중심의 한국사회에서, 저는 금융문맹 탈출을 위해 많은 노력을 했습니다.

하지만 아직 갈 길이 멀고 험합니다. 아직도 부모들이 생각을 바꾸는 것에 대한 두려움이 많습니다. 노후에 대한 생각보다는 당장 자녀 성적에만 올인하는 부모님이 많습니다. 자녀가 없는 분들도 별로 다르지 않습니다. 돈을 함부로 다루고 돈을 귀하게 여기지 않습니다. 돈이 나를 위해서 일해야 하는데 돈을 위해 일하는 것을 당연시합니다.

저는 수년에 걸쳐 경제독립에 관한 책을 출간했습니다. 대부분은 어른들을 위한 책이었지만, 이번에는 부모님과 자녀가 함께 읽고 실천할 수 있도록 준비했습니다. 가능한 한 경제독립에 성공한 사람들의 실제 사례와 아이들의 경제 공부에 관한 이야기를 주로 다루었습니다. 경제독립에 성공한 사람들은 특별한 사람들이 아닙니다. 경제독립은 누구나 할 수 있지만, 실천한 사람만이 성공할 수 있습니다.

'존리의 부자학교'를 2024년 처음으로 개교했습니다. 자산운용사 대표의 역할과 금융교육을 병행할 때보다 훨씬 자유롭게 금융교육에 전념할 수 있어서 기대가 큽니다.

처음 개교를 하고 어떤 분들이 찾아오실까 궁금했습니다. 내심 많은 어린이나 학생들이 찾아오기를 바랐지만, 어린아이들보다는 50~60대 분들이 대부분을 이룹니다. 젊은 시절 돈에 대한 지식을 배우지 못한 것이 후회된다고 하면서, 더 늦기 전에 꼭 배워야겠다고 하십니다. 그래도 늦게라도 돈 공부에 눈을 뜬 것은 희망적이라고 생각합니다.

뜻밖이었던 것은 북한을 탈출해서 남한에 정착한 분들이 많이 찾아오셨고, 연변에서 오신 분들, 한국에 거주하고 있는 중국 국적의 분들도 수업을 들으러 오셨다는 점입니다. 특히 기억에 남는 이야기는 한 탈북자의 사

연입니다. 이분은 한국에 처음 와서 자본주의에 대한 지식이 없는 상태였는데, 제가 쓴 책을 읽고 주식에 대한 관심이 갖게 됐다고 합니다. 노동으로 번 돈을 꾸준히 투자해서 지금은 몇 억의 자산을 모을 수 있었다고 합니다.

어느 젊은 피아니스트에 관한 이야기도 흥미롭습니다. 이분은 어린 시절부터 성공한 피아니스트가 되는 큰 꿈이 있었지만, 돈에 대한 지식은 전혀 없었습니다. 유학 가서 엄청난 돈을 들여 피아니스트가 되는 데는 성공했지만, 금전적으로는 거의 이룬 것이 없었습니다. 노후 준비가 전혀 되어 있지 않아 안타까운 생각을 버릴 수가 없었습니다.

어느 자매는 공부를 아주 잘했다고 합니다. 가장 쉬운 것이 공부라 할 정도로, 주변의 모든 부모님이 부러워하는 딸들이었습니다. 한 분은 외국의 유명대학에서 박사 학위까지 취득했습니다.

하지만 어느 순간 '왜 우리는 열심히 공부를 했는데 왜 부자가 아닐까?' 하는 의문이 생겼다고 합니다. 돈에 대한 공부를 하지 못한 결과입니다. 이분들의 이야기에 많은 생각을 하게 됩니다.

여러분들의 자녀들은 어떤 직업을 택해야 될까요? 우선 아이들이 원하는 직업을 택하는 것이고, 또 하나의 고려대상은 선택된 직업을 통해서 얻을 수 있는 수입입니다. 대부분의 부모님들은 의사나 변호사가 되면 부자가 될 것으로 착각합니다. 물론 의사나 변호사도 안정적인 직업이지만, 이

분들조차 금융에 대한 인식을 다르게 하면 훨씬 더 큰 기회를 가질 수 있습니다.

금융이 발달한 나라는 금융업에서 많은 부자가 나옵니다. 한국은 금융에 대한 인식이 부족해 부를 축적할 기회가 얼마나 있는지조차 모르는 경우가 많습니다. 어렸을 때부터 금융에 대한 이해를 높이는 것이 어떤 교육보다 우선시되어야 하는 이유입니다. 여러분들의 자녀가 한국의 금융을 살리는 직업을 선택하면 큰 보람이 될 수 있습니다.

저는 한국의 미래에 대해 무한한 기대를 갖고 있습니다. 제가 길거리를 걸을 때나 식당에서 밥을 먹을 때나 많은 사람이 저에게 다가와서 말을 건넵니다. 대부분 감사의 인사를 전해주십니다. 저를 통해 삶에 대한 긍정적인 생각을 갖게 됐다는 말을 들을 때마다 한국의 미래를 낙관하게 됩니다. 특히 젊은이들이 눈에 띄게 늘고 있는 것을 알 수가 있었습니다. 주식에 눈을 뜬 젊은이들이 많아졌다는 의미입니다.

이번에 출간한 책은 저와 같이 '존리의 부자학교'에서 아이들의 경제교육을 담당하고 있는 지수희 기자와 함께 준비했습니다. 지수희 기자는 한국경제TV 기자로서 많은 사람과 인터뷰하면서 직접 느낀 점과, 아이와 엄마들에게 경제교육을 해온 경험을 이 책에 녹이려고 했습니다.

부자 아이로 만들려면 부모님의 도움이 절대적으로 필요합니다. 아이들과 함께 지금 당장 부자가 되는 여정을 시작하십시오. 이 책이 보다 많은 부모님과 자녀를 부자로 만드는 데 도움이 될 수 있기를 간절히 바랍니다.

존리

지수희

하루라도 빨리 엄마와 아이가 투자를 시작하기를…

저는 한국경제TV 15년차 기자입니다. 주식을 주로 다루는 회사에 다니고 있지만, 입사 후 10년 넘게 주식을 제대로 하지 않았습니다. 주식시장과 산업에 대한 기본 지식을 쌓는 데 오랜 시간이 걸렸고, 제대로 투자하는 방법도 몰랐습니다. 당시 저는 주식은 전문가만이 할 수 있고, 시장을 계속 들여다봐야 하며 내릴 때나 오를 때를 명확히 맞혀야 성공하는 것이라고 생각했습니다.

코로나가 시작될 무렵 증권부에서 자산운용사를 담당하게 됐습니다. 입사 초기 주식시장이 어떻게 흘러가는지, 증권사와 자산운용사가 어떻게 다른지조차 모르던 때와는 달리, 선임기자가 되어 다시 자산운용사를 취재하다 보니 보이는 것이 많았습니다. 그간 여러 기업과 한국은행, 정부부처, 국회, 청와대 같은 다양한 곳에 출입하면서 10년 동안 나름대로의 경험과 지식을 쌓은 덕입니다.

그때 특히 저의 눈에 들어온 것이 연금과 ETF[1]입니다. 내가 열심히 직장생활을 하면서 미래를 위해 떼어놓은 돈이 어딘가에 쌓이고 있다는 것과

---

1 Exchange Traded Fund(상장지수펀드)의 앞글자를 딴 말로 인덱스펀드를 거래소에 상장시켜 놓은 상품

그 돈이 쌓여만 있을 뿐 운용되지 못하고 있다는 것을 알게 됐습니다. 또 그것이 국가적으로나 개인적으로 얼마나 큰 손해인지 인식했습니다. 그 쌓여 있는 돈을 운용하기에 ETF라는 상품은 초보자에게 최적이라는 깨달음도 있었습니다.

그 순간 저는 적금과 보험을 깨고 연금저축펀드에 돈을 넣었습니다. 그리고 신나게 연금 쇼핑을 시작했습니다. 각 운용사들이 만든 상품들을 관찰하고 분석하고 직접 투자해보는 것은, 백화점에서 옷을 사거나 여행 사이트에서 여행상품을 검색하는 것만큼이나 흥미로웠습니다. 제가 연금 쇼핑을 시작할 당시는 코로나 여파로 시중에 돈이 많이 뿌려지면서 누구나 주식투자로 돈을 벌던 시기였습니다. 코스피 지수가 3,000선을 넘어설 때이니, 저의 연금 수익률도 나쁘지 않았습니다.

그런데 3년 뒤 비정상적이었던 지수가 다시 제자리를 찾으면서 제 연금 수익률도 곤두박질치기 시작했습니다. 실망이 컸습니다. 연금투자를 멈추고 싶었지만 빠른 시일 내에 뺄 수 없는 자금이어서 그냥 보유할 수밖에 없었습니다. 그리고 일부 펀드와 ETF에 투자를 지속했습니다.

5년이 지난 지금 어떻게 됐을까요? 제가 꾸준히 투자를 한 ETF는 하락을 멈추고 다시 반등해 전고점을 뚫었습니다. 하락하든 상승하든 돈을 꾸준히 모은 덕에 투자 원금도 늘었을 뿐 아니라 수익률도 다시 플러스로 전환됐습니다. 중간중간 배당도 나왔습니다.

하지만 마이너스 수익률에 실망하고 관리하지 않은 펀드는 여전히 마이너스 상태입니다.

이런 경험들은 저에게 많은 깨달음을 주었습니다. 그리고 저는 결론을 내렸습니다. 투자는 일찍 시작하고, 지속하는 것이 중요하다고요. 우리 아이들은 일찍부터 투자를 시작하고, 스스로 투자할 수 있도록 가르칠 것이라고요. 그래서 아이들 계좌 운용을 시작했고, 아이들에게 쉽고 재미있게 경제와 투자를 가르쳐줄 수 있도록 놀이와 경제를 접목한 '플레이코노미'라는 프로그램을 만들었습니다.

지금은 아이들과는 '플레이코노미' 수업을, 엄마들과는 하루 하나 경제기사 읽기 챌린지를 진행하고 있으며 '존리의 부자학교'에서는 아이와 엄마가 함께하는 '주니어 투자교실' 수업을 진행하고 있습니다.

수업에서 만난 분들과 대화를 하다 보면 대부분의 엄마들도 저와 비슷한 생각을 하고 있다는 것을 알 수 있었습니다. 아이에게 경제관념을 심어주고 싶고, 또 아이랑 주식투자도 함께하고 싶고, 그러기 위해서 엄마들도 경제지식을 쌓고 싶어했습니다. 하지만 제가 처음 기자가 됐을 때처럼 주식에 대한 두려움이 있고, 어디서부터 어떻게 시작해야 할지 막막하다고 느끼는 분들이 많습니다.

 이 책은 10여 년 전의 저처럼 경제가 너무 어렵고 주식이 두렵지만, 아이와 함께 투자를 시작하고 싶은 분들을 위해 썼습니다. 특히 수십 년간 변하지 않는 존리 대표님의 주옥 같은 투자철학을 쉽고 재미있게 받아들일 수 있도록 토크 콘서트 형식의 질문과 답으로 구성했습니다.

 또한 주식이 익숙해졌을 때 다시 이 책을 본다면 아주 단순하고 기본적인 내용이라고 느낄 만한 이야기라도 다른 소재를 활용해 여러 번 반복했습니다. 주식을 왜 해야 하고 무엇이 제대로 하는 것인지 아는 데까지 오랜 시간이 걸렸던 저의 경험이 있었기 때문입니다.

 아이의 투자만큼이나 중요한 것은 엄마들의 경제독립입니다. 애지중지 키워온 아이가 주체적인 삶을 살아가기 위해, 엄마가 조금의 짐도 되지 않도록 자신의 노후를 준비하는 것은 기본 중의 기본입니다. 자녀의 주식 투자를 준비하면서 엄마들도 노후를 준비할 수 있도록 마지막 챕터를 구성했습니다.

 부디 이 책이 엄마와 아이가 하루라도 빨리 주식을 시작하는 데 도움이 되기를 바랍니다.

지수희

| 차례 |

step 1.

주식이 해치지 않아요

○ **주식투자 경계 허물기** ●

〔 Q1 〕 아이들과 주식과 돈 이야기를 어떻게 시작하면 좋을까요? · 20
  `지 기자의 Teatime talk` 학교에서 투자를 배워본 적이 없어요. 내 아이에겐 꼭 가르쳐주고 싶었어요

〔 Q2 〕 저조차도 주식이 아직 두려워요. 두려움을 어떻게 하면 깰까요? · 34

〔 Q3 〕 '투자 철학'을 어떻게 만드나요? · 41
  `지 기자의 Teatime talk` 1만 원대였던 '하이닉스' 주식 꾸준히 모았더라면…

〔 Q4 〕 주식은 여윳돈으로 하라는데, 여유자금이 없어요. · 50
  `지 기자의 Teatime talk` 버리는 돈으로 투자를 시작하세요!

〔 Q5 〕 아이 적금을 넣고 있는데 주식을 꼭 해야 할까요? · 56
  `지 기자의 Teatime talk` 주목받는 '금'투자… 몰빵보단 주식과 분산

〔 Q6 〕 부동산은 실패가 없다는데 주식보다 부동산이 낫지 않을까요? · 66

〔 Q7 〕 저는 아직 대출이 있어요. 대출을 먼저 갚아야 하지 않을까요? · 70

〔 Q8 〕 아이 주식투자는 언제 시작하는 게 좋을까요? · 76
  `지 기자의 Teatime talk` 아이와 기업을 관찰하고 '경제대화'를 시작하세요!

〔 Q9 〕 주식시장에서 개인투자자들의 성과는 그리 좋지 않다는데요. · 84

〔 Q10 〕 기관이나 외국인들과 비교해 개인투자자도 승산이 있는 시장인가요? · 91

〔 Q11 〕 소액으로도 회사의 주인이 될 수 있나요? · 96
  `지 기자의 Teatime talk` 창업자를 회사에서 쫓아낸 행동주의 펀드

step 2.

하루 1만 원씩 S&P500부터

○ 지금 당장 펀드부터 시작하기 ●

〔 Q1 〕 증여신고는 언제 어떻게 하나요? · 106

〔 Q2 〕 어디에 계좌를 만들어야 하나요? · 111

〔 Q3 〕 계좌가 여러 개예요. 어떤 계좌를 만드나요? · 117

　　　　 지 기자의 Teatime talk　급증하는 서학개미... 절세계좌 美 ETF 세제혜택 축소

〔 Q4 〕 왜 1만 원인가요? · 125

〔 Q5 〕 왜 S&P500인가요? · 131

〔 Q6 〕 ETF가 정확히 뭐예요? · 138

　　　　 지 기자의 Teatime talk　햄버거 밀키트를 대형마트 앱에서 손쉽게 살 수 있다면...

〔 Q7 〕 코스피200은 어때요? 어떻게 분산투자하나요? · 146

〔 Q8 〕 아이에게 가장 적합한 펀드는 뭐예요? · 155

　　　　 지 기자의 Teatime talk　'어린이펀드' 이름만 보고 가입하면 안 돼요!

〔 Q9 〕 투자상품을 고를 때 주의해야 할 점이 있나요? · 163

　　　　 지 기자의 Teatime talk　ETF의 총 수수료를 살피세요! 수익률과 직결됩니다

step 3.
개별종목에 투자를 시작해요

○ **내가 좋아하는 기업의 주인 되기** ●

〔Q1〕 어떤 기업을 골라야 하나요? · 174

〔Q2〕 구체적으로 어떤 비즈니스 모델이 좋은 건가요? · 178

〔Q3〕 정보가 너무 많아서 어떻게 선별해야 할지 모르겠어요. · 183

〔Q4〕 초보자들이 꼭 챙겨야 할 기업 정보는 무엇인가요? · 187

〔Q5〕 기업의 적정가치를 분석할 때 어떤 것들을 봐야 하나요? · 192

〔Q6〕 저평가된 기업을 어떻게 고를 수 있나요? · 196

〔Q7〕 이런 내용을 다 알지 않고도 투자하는 방법은 없을까요? · 200

〔Q8〕 삼성전자만 꾸준히 사도 될까요? · 206

〔Q9〕 투자하지 말아야 할 기업이 있을까요? · 210

　　　지 기자의 Teatime talk '리튬 관련 기업?' 알고 보니 휴대폰 액세서리 제조업체

〔Q10〕 같은 종목인데 우선주는 뭐예요? · 215

step 4.
투자한 걸 잊으세요. 단! 이때만 빼고요

○ **투자자산 관리하기, 세상의 변화 관찰하기** ●

〔Q1〕 스텝2 완료 이후 해야 할 것은 뭔가요? · 220

〔Q2〕 목표수익률에 다다르면 팔아야 하나요? · 224

〔 Q3 〕 관리에도 철학이 필요한가요? · 229

〔 Q4 〕 언제 파는 것이 가장 좋은가요? · 232

〔 Q5 〕 내가 투자한 기업이 망하면 어떻게 해요? · 237

〔 Q6 〕 미래 가치가 어디에 어떻게 생길지 어떻게 아나요? · 240

〔 Q7 〕 아이를 위해 모은 자금은 언제 어떻게 사용할까요? · 246

step 5.

아이에게 짐이 되지 않도록

○ **엄마도 노후 준비하기** ●

〔 Q1 〕 국민연금을 열심히 내고 있는데, 추가로 노후 준비를 더 해야 할까요? · 252

〔 지 기자의 Teatime talk 〕 당신의 퇴직연금 잘 운용되고 있나요?

〔 Q2 〕 무엇부터 시작해야 할까요? · 261

〔 지 기자의 Teatime talk 〕 은행원들도 퇴직연금 운용 증권에서...

〔 Q3 〕 연금저축, IRP, ISA 어떻게 달라요? · 267

〔 지 기자의 Teatime talk 〕 의무가입기간 지난 ISA 갈아탈까? 유지할까?

〔 Q4 〕 투자 포트폴리오를 어떻게 가져가야 할까요? 아이와 어떻게 차이가 날까요? · 277

〔 Q5 〕 노후에 어떻게 자금을 꺼내 쓰나요? · 281

〔 지 기자의 Teatime talk 〕 우리 더 이상 소외되지 말아요! 주식시장 메인 플레이어가 됩시다

step 1
주식이 해치지 않아요

주식투자
경계 허물기

Q1 아이들과 주식과 돈 이야기를 어떻게 시작하면 좋을까요?

금융 선진국인 미국에서는 아이들이 어릴 때부터 금융교육을 받을 수 있도록 장려하고 있습니다. 워싱턴DC, 뉴저지, 조지아, 텍사스 같은 일부 주에서는 금융교육을 정규 교과과정에 포함시켜 공부하도록 하고, 기업이나 비영리단체의 금융교육 활동도 활발합니다. 미국의 소비자 금융보호기관인 CFPB(Consumer Financial Protection Bureau)의 연구에 따르면 금융교육을 받은 학생들이 실제로 더 많이 저축하고 더 빨리 투자를 시작하는 경향이 있다고 보고되고 있습니다. 또 청소년 금융교육이 성인이 되어서도 높은 신용점수를 유지하고 부채를 관리하는 데 긍정적인 영향을 미친다는 조사결과도 있습니다.

연구 결과로도 아이들에게 '돈'에 대해서 제대로 가르치는 것이 참 중요한데, 사실 어떻게 가르쳐야 하는지 시작하기가 막막하기만 합

니다. 존 리 대표님은 30년 넘게 돈을 다루는 일을 하셨고, '존 리의 부자학교'라는 교육기관을 세우셨습니다. 처음에 '부자'라는 단어가 있어서 참 노골적인 표현이라는 생각이 들기도 했습니다. 누구나 '부자'가 되고 싶어하지만 겉으로 드러내긴 힘들거든요. 돈이 우리 삶에 정말 중요한데 돈에 대해서 가르치는 것은 아직도 쉽지 않습니다. 아이들과 돈 이야기를 어떻게 시작하면 좋을까요?

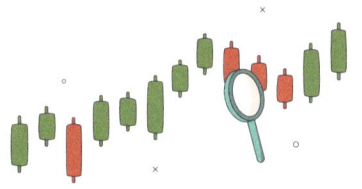

A 돈은 정말 중요합니다. 세상을 살아가는 데 돈이 전부는 아니지만, 돈이 많으면 할 수 있는 일도 많아지죠. 내 삶의 질을 높일 수 있고, 함께 살아가는 공동체에 기여함으로써 세상을 더 낫게 만들 수 있습니다. 단순히 소비를 하고 저축을 하는 것뿐 아니라 돈으로 세상을 바꿀 수도 있습니다. 우리 삶을 편하게 바꿔준 기술의 등장이나 기업의 성장도 자본가의 돈이 있어 가능했습니다. 자세히 들여다보지 않으면 우리의 눈부신 성장에 돈이 얼마나 중요한 역할을 했는지 인식조차 하지 못할 것입니다.

조금만 관심을 가져도 세상의 많은 변화는 돈이 있어 가능했다는 것을 알 수 있습니다. 주식시장은 그 축소판이죠. 기업들이 투자를 받아 영업활동을 하고, 사업을 확장하고, 생산성을 높이고, 다시 투자자들에게 돌려줍니다. 주식시장에 대해 아이들과 이야기하고, 투자를 시작하는 것은 자본시장의 시스템을 이해하면서도 돈에 대해서 제대로 공부할 수 있는 기회입니다.

아이와 돈으로 할 수 있는 일에 대한 이야기부터 시작해보면 어떨까요? 그러려면 엄마부터 돈 공부를 제대로 해서 자본주의 시스템에 대한 이해를 높여야 합니다.

"돈으로 할 수 있는 것에 대한 이야기부터 나눠보세요"

아이들이 축구 선수를 꿈꿀 수도 있지만, 돈이 있다면 축구 구단을 운영할 수도 있을 겁니다. 축구 선수가 되기 위해 피나는 노력을 통해 바늘구멍을 통과하는 것 외에 또 다른 대안이 생기는 거죠. 구단주가 되려면 돈이 필요해요. 훌륭한 선수를 영입해 높은 연봉을 줘야 하고 감독과 코치진도 뽑아야 합니다. 선수들에게 좋은 숙소와 영양 높은 식사도 제공해야 합니다. 그런데 돈이 없다면 구단주가 되는 길은 대안에서 제외되겠죠. 선택의 폭이 좁아집니다.

자본시장을 통해 많은 돈을 만들어낸다면, 축구 구단을 만들 수 있습니다. 구단주의 직원으로서 일하는 것이 아니라 내가 채용한 감독과 코치와 선수가 나를 위해서 일하는 것입니다. 축구 선수가 될 수도 있지만 축구 선수가 나를 위해 뛸 수도 있는 겁니다. 자본의 원리를 이해하면 선택의 길이 다양해집니다.

연예인이 되고 싶어하는 아이들도 많죠. 연예인이 될 수도 있지만, 연예 기획사를 세워서 내가 연예인을 만들 수도 있죠. 연예인이 되기 위해 오디션을 통과하고 긴 연습생 생활을 거쳐 누군가의 선택을 받아 무대에 서는 방법 외에 다른 대안이 하나 더 생기는 것입니다. 물론 연예인을 성공시키기 위한 노하우가 당연히 필요하겠죠. 노하우만 있고 돈이 없으면 연예기획사를 만드는 건 불가능해요. 반대로 노하우는 없지만 돈만 있는 상황엔 가능합니다. 돈이 있으면 노하우가 있는 직원을 채용하면 됩니다.

아이들에게 헛된 꿈을 심어주는 것이 아니에요. 실제 자본시장에선 늘상 벌어지는 일입니다. 자산가가 되면 충분히 할 수 있는 일입니다. 이런 이야기를 통해 아이가 폭넓게 사고할 수 있도록 부모들이 도와줘야 합니다. 그러려면 주식시장을 이해하고 직접 자본의 흐름을 경험하는 것이 중요합니다.

"자본가의 꿈을 키워주세요"

한국 부모들은 돈을 멀리하라고 가르칩니다. 요즘엔 분위기가 많이 바뀌는 것 같지만 여전히 돈 이야기를 하면 왠지 격이 떨어진다고 생각하는 경향이 있는 것 같습니다. 자본주의 사회에 살면서 자본주의를 외면하라고 가르치는 것과 같은 상황이니 정말 이상하죠.

미국의 아이들은 어릴 때부터 경제적 경험을 하면서 자랍니다. 구두를 닦거나 이웃의 아기를 돌봐주고 용돈을 법니다. 이런 경험을 통해 경제가 머릿속에서 추상으로 머물지 않고, 실제 현실에서 내가 부대끼는 문제라는 걸 알게 되죠. 우리 주변에서 경제상황을 경험할 수 있는 것들은 정말 많습니다. 마트에만 가도 수많은 사람과 기업들이 돈을 벌기 위해 노력하는 모습을 살펴볼 수 있죠. 우리 일상의 그 어느 것도 경제와 돈과 관련되지 않은 것은 없을 거예요.

"자본주의 사회에서는 자본가만이 부자가 될 수 있습니다"

엄마부터 생각을 바꾸려는 노력이 필요합니다. 공부를 잘해서 좋은 대학을 나오는 것이 부로 연결되지 않는 시대가 시작됐습니다. 월급만으로는 평생 집 한 채 장만하기 어려운 시대입니다.

자본주의 사회에는 크게 두 종류의 사람이 있죠. 하나는 노동자, 다른 하나는 자본가입니다. 노동자는 자신의 노동과 기술을 자본가에게 제공하고 대가를 받습니다. 자본가는 자본으로 노동력을 구매해서 물건을 만들거나 서비스를 제공해 돈을 법니다.

자본주의 사회에서 가장 효율적으로 돈을 버는 방법은 바로 자본가가 되는 것입니다. 부자가 되려면 남을 위해 일하지 말고 자신을 위해 일해야 합니다. 월급쟁이는 남을 위해 일합니다. 대부분의 사람들은 '돈을 번다'고 할 때 노동해서 대가를 받는 방법을 먼저 떠올립니다. 하지만 자본주의 시스템에서는 자본을 통한 부의 축적이 노동을 통한 축적보다 훨씬 빠릅니다. 월급이 수입의 전부인 사람들은 현실적으로 부를 쌓기 쉽지 않습니다. 나이가 들수록 돈이 나갈 곳은 늘어나는데, 월급이 오르는 속도가 물가가 오르는 속도보다 빠르지 않기 때문이에요.

하지만 급여생활자를 선택할 수밖에 없는 상황도 있죠. 그렇다면 차선책은 주식을 사는 거예요. 주식을 사면 그 회사의 주인이 '주주'가 되죠. 내가 가진 지분만큼 해당 기업주와 동업자 입장에 서게 됩니다. 예를 들어 내가 삼성이나 애플의 주식을 샀다면 그 기업 임직원이 나를 위해서도 일하는 셈이 됩니다. 내가 실제로 그 기업에서 근무하는 것은 아니지만 기업이 거두는 성과를 나눠가질 수 있는 것입니다. 육체적인 일만 열심히 한다고 부자가 될 수 있는 것은 아닙니다. 자본이 자본을 부르는 원리를 이해해야만 부자가 될 수 있습니다. 내가 노동하는 시간에 내가 가진 자본에게도 일을 시키는 방법이 투자입니다. 기업에 투자하면 그 기업은 내가 버는 속도보다 빠른 속도로 부를 창조합니다.

"주식을 사서 그 기업의 성과를 나눠 가지는 것이 최고의 돈 공부입니다"

아이가 어렸을 때부터 아이와 함께 주식을 골라 투자하고 함께 이야기해보세요. 주식투자는 교육 효과도 좋습니다. 주식을 통해 세계 각국 사람들의 철학을 배울 수 있습니다. 미국이나 중국에 대해 알려면 책으로 배우는 것보다 그 나라 주식을 사는 것이 훨씬 효과적일 수 있어요. 주식 가격에 정치, 경제 문화가 반영되기 때문에 투자할 기업을 찾느라 조사하다 보면 그 나라와 기업에 대해 저절로 공부가 됩니다.

저도 역시 펀드매니저가 되기 전까지는 주식에 대해 잘 몰랐어요. 대학 졸업 후 회계사로 근무했지만 주식에는 문외한이었죠. 그런데 미국의 '스커더 인베스트먼트'라는 자산운용사에서 펀드매니저가 되고 난 후에 저의 인생은 변했습니다.

스커더에서는 회의할 때 어떤 얘기를 하는 줄 아세요?

"앞으로 5년이나 10년 후 어떤 일이 일어날까?"

"이번에 새롭게 등장한 기술이 앞으로 우리 삶을 어떻게 바꿀까?"

이런 이야기들을 합니다. 어찌 보면 뜬구름 잡는 이야기들로 회의시간을 가득 채웠습니다. 하지만 이런 이야기들이 오래 투자할 기업을 찾는 걸 가능하게 했고 높은 수익으로 돌아왔습니다.

아이들과 앞으로 몇 년 후 변할 세상에 대해서 이야기해보세요. 자연스럽게 지금 우리 삶과 기업에 대해 공부할 수밖에 없을 것입니다. 그렇게 아이와 함께 기업에 투자한 돈은 아이들이 사회에 나갈 때쯤엔 복리의 마법이 나타나 큰돈이 돼 있을 것입니다.

"무조건 다 사주는 건 독입니다"

가장 나쁜 것은 돈에 대한 대화나 공부 없이 자식이 사달라는 것, 해달라는 것은 무조건 들어주려고 하는 거예요. 자식이 돈 문제로 움츠러들지 않기를 바라는 마음은 이해하지만, 그 도가 지나치면 오히려 해가 됩니다. 아이 스스로 경제적인 경험을 쌓고, 거기서 배울 수 있도록 기회를 줘야 합니다. 말만 하면 뭐든지 되는 환경에서 자란 아이는 돈이 얼마나 중요한지를 알지 못한 채 어른이 됩니다. 경제적 창의성이 전무한, 시키는 일만 잘하는 사람이 되는 것입니다. 여러분의 아이가 잡아주는 물고기만 먹는 수동적인 인간이 되기를 바라지는 않으시겠죠? 스스로 물고기를 잡을 줄 아는 능동적인 아이로 키우고 싶으시죠? 아이가 성인이 돼 부자가 될 확률도 후자가 더 높을 수밖에 없습니다.

돈 공부를 하는 것은 어렵지 않아요. 돈을 벌기 위해 애쓰는 기업에 대해서 이야기하는 것입니다. 투자할 주식을 사기 위해 함께 공부하는 것, 그것이 최고의 돈 공부입니다.

중요한 건 아이 계좌에 돈만 따박따박 넣어주는 것이 중요한 것이 아니라, 함께 대화하고 공부하는 것입니다.

"학교에서 투자를 배워본 적이 없어요.
내 아이에겐 꼭 가르쳐주고 싶었어요"

◆ 15년 전 한국경제TV라는 경제방송에 경력기자로 입사했을 당시 저는 한 번도 주식투자를 해보지 않았습니다. 그런데 증권부에 배치돼 일주일 만에 주식시장에 대한 기사를 써야 했을 때 저의 막막함이란 이루 말할 수 없었습니다. '상장'이라는 단어 뒤에 '된다'가 붙어야 하는지, '시킨다'고 해야 하는지, '한다'가 맞는 건지 조차 알지 못했습니다. 마감은 다가오는데 기사의 첫 문장조차 완성하지 못해 덜덜 떨었던 기억이 아직도 생생합니다.

그때 후회가 밀려왔습니다.

'나는 왜 서른 살이 되도록 주식투자를 해보지 않았을까? 왜 아무도 내게 주식투자를 가르쳐주지 않았을까?'

매일 기사를 쓰고 시장을 들여다보니 자본시장이 어떻게 굴러가는지 조금씩 이해하게 됐습니다. 그 이해를 바탕으로 제 딸은 저와 달리 일찍 자본시장에 눈을 뜰 수 있도록 아이와 경제대화를 조금씩 나누고 있습니다.

주식시장을 구성하는 가장 큰 주체는 기업입니다. 주식시장은 미래를 반영하기 때문에 기업들이 미래에 돈을 잘 벌 것 같으면 사람들이 주식을 많이 사기 시작해 주가가 오르고, 돈을 못 벌 것 같으면 사람들이 주식을 팔아치우니 가격이 떨어집니다. 물론 주가가 움직이는 요소는 개별 기업의 이슈 외에도 영향을 미치는 것이 많지만, 가장 기본은 기업의 '실적'입니다. 어렸을 적 사회 시간에 기업의 목적은 '이윤 추구'라고 배웠습니다. 투자자로서 내가 투자한 기업이 이윤을 극대화시키기 위해 어떤 노력을 하는지를 살펴보는 것은 참으로 흥미로운 일입니다.

그 여정이 아이와 함께라면 얼마나 기쁘고 즐거울까요? 아이의 사고 확장은 물론이고 여기에 자산까지 불어난다면 정말 기분 좋은 일일 것입니다.

다음은 한국경제신문이 주최하는 어린이 경제능력시험 '주니어 테셋'에 나오는 모의고사 문제입니다. 저는 '존리의 부자학교'의 프로그램인 '주니어 투자교실'에서 아이와 엄마와 함께 주식시장에 대해 알아보고 활동하는 수업을 진행하고 있습니다. 매주 토요일마다 만나 경제 전반과 주식시장에 대한 이야기를 나눈 지 수개월이 흘렀을 때 아이들에게 아래 문제를 풀도록 했습니다. 그간 아이들과 경제 용어에 대해 공부한 게 아니라 주식시장을 살펴보고 놀이를 했을 뿐인데 아이들이 어렵지 않게 문제를 풀어나가는 것을 발견할 수 있었습니다.

12. 아래 신문기사에서 설명하는 시장경제 체제의 특성이 <u>아닌</u> 것은?

> '경제학의 아버지' 애덤 스미스는 자신의 저서 『국부론』에서 시장경제의 원리 '보이지 않는 손'을 다음과 같이 설명했다. "우리가 저녁 식사를 기대할 수 있는 건 푸줏간 주인, 양조장 주인, 빵집 주인의 자비심 덕분이 아니라 그들의 돈벌이에 대한 관심 덕분이다. 우리는 그들의 박애심이 아니라 자기애에 호소하며, 우리의 필요가 아니라 그들의 이익만을 그들에게 이야기할 뿐이다."
>
> 출처 : 생글생글 580호

① 개인의 자유가 보장된다.
② 경쟁을 통해 성장하고 발전한다.
③ 효율성을 중시하고 개인의 창의성을 존중한다.
④ 서비스 대부분을 국가에서 무상으로 제공한다.
⑤ 경제 주체들이 자유롭게 경제 활동을 할 수 있다.

이 문제는 초등학교 사회시간에 다뤄지는 자본주의와 시장경제 체제에 대한 문제입니다. 우리는 개개인의 능력과 그에 따른 사유재산을 인정하는 시스템에 살고 있죠. 반대는 정부가 통제하고 자원을 배분하는 사회주의 시스템입니다. 아이들과 수업시간에 특히 주목하는 것은 바로 '기업'입니다. 이 지문 안에서는 푸줏간, 양조장, 빵집이 해당되겠죠. 이들은 '자기애'와 '그들만의 이익'을 추구하며 부자가 됐습니다. 자본주의 시스템에 살고 있는 만큼 주식시장을 구성하는 '기업'이 어떤 방식으로 돈을 벌고 있는지 살펴보고 토론하는 것은 아이들과 돈 공부를 하기에 아주 좋은 재료입니다.

아이와 주식투자를 하기에 앞서 기업의 활동을 관심 있게 살펴보세요. 기업이 작든 크든 상관없습니다. 우리가 자주 가는 상점, 편의점, 음식점들이 어떤 전략을 갖고 있는지 살펴보는 것은 정말 흥미로운 여정이 될 것입니다.

실제로 '존리의 부자학교'의 '주니어 투자교실'에서는 축구를 좋아해 축구 선수가 되고 싶다는 아이를 위해서 증시에 상장된 축구 구단 기업을 살펴봤습니다. 글로벌 축구 구단 가운데 증시에 상장된 기업은 미국 뉴욕 거래소의 맨체스터 유나이티드와 이탈리아 밀라노 증권거래소의 유벤투스, AS로마, 독일 프랑크푸르트 증권거래소에 상장돼 있는 보루시아 도르트문트입니다. 런던거래소에는 토트넘과 아스널도 상장했었지만 지금은 상장폐지됐습니다.

먼저 맨체스터 유나이티드의 실적을 살펴봤습니다. 매출이 아주 조금씩 상승하고 있지만 영업익 적자폭이 해가 갈수록 커지고 있었습니다. 그 이유는 선수 영입을 위한 이적료와 구단 운영을 위한 인건비 지출이 높기 때문입니다. 또 최근의 맨체스터 유나이티드를 인수한 글레이저 가문이 구단을 인수하면서 많은 대출을 받았는데, 코로나 이후 금리가 오르면서 이자비용이 급격히 늘어난 것도 원인입니다. 여기에 리그 성적도 좋지 않으니 상금이나 광고수익, 중계권 수익이 줄어들어 실적이 좋지 않습니다. 이런 내용들을 살펴보고 축구를 좋아하는 아이에게 이 기업에 투자할 것이냐고 물었습니다. 그동안 매주 토요일 수업을 들었던 아이는 자신 있게 "아니오"라고 대답했습니다.

플레이코노미 수업에서 아이가 챗GPT로 만들어낸 자신만의 축구 관련 제품

하지만 아이는 축구를 여전히 좋아합니다. 축구를 소재로 사장님이 된다는 상상도 합니다. 챗GPT를 활용해 나만의 제품을 만들어보는 활동을 했는데 축구공 디자인의 축구화, 축구 선수와 축구공을 그린 쿠키를 만들어냈습니다. 아이템을 선정하기까지 브레인 스토밍, 시장조사 과정 등을 모두 엄마와 함께했습니다. 이런 활동을 엄마와 아이가 함께 하다 보면 다른 기업들의 전략에 대해서도 자연스럽게 눈이 떠지고, 경제능력시험에 나오는 문제도 어려움 없이 쓱쓱 풀어나갈 수 있을 것입니다.

Q2 저조차도 주식이 아직 두려워요. 두려움을 어떻게 하면 뗄까요?

주식투자에 관심이 많은 부모가 늘어나면서 미성년자 주식계좌수도 급격히 늘고 있습니다. 미성년자 계좌를 가장 많이 보유한 한 증권사가 집계한 2024년 7월 기준 미성년자 계좌수는 지난 2020년보다 14배 늘어난 48만 명을 기록했습니다. 또 국민주식 '삼성전자' 주주 가운데 미성년자는 2023년 말 기준 전체 주주의 8.38%에 해당하는 239만 2,000명으로 집계됐습니다. 지난 2019년과 비교해 21배 늘어난 수치입니다. 미국 주식에 대한 관심도 많아져 애플과 테슬라, S&P500을 보유한 미성년자 수도 늘고 있습니다. 그만큼 아이에게 주식투자를 해주는 부모들이 많아졌다는 이야기입니다.

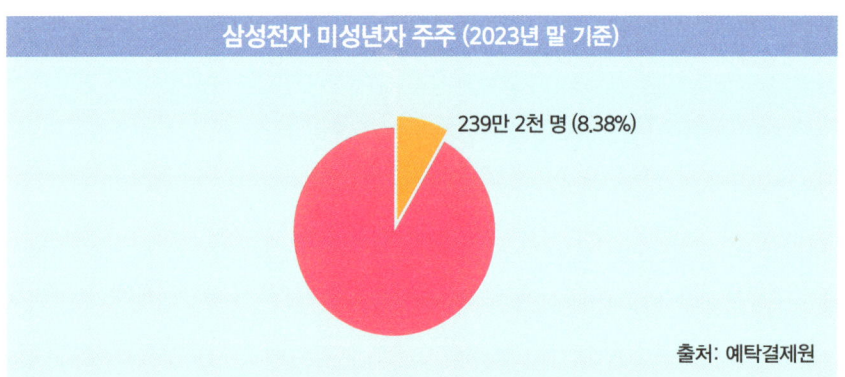

그런데도 여전히 '주식'이라고 하면 아직까지 어렵고 두렵다고 생각해 거부감을 갖고 있는 분들이 많은 것 같습니다. '당장 나도 주식에 마음이 안 열리는데 어떻게 아이를 위해서 주식을 사줄 수 있나…' 하고 생각하시는 분들도 많을 텐데요. 주식투자에 대한 두려움을 떨쳐버릴 수 있는 방법이 있을까요?

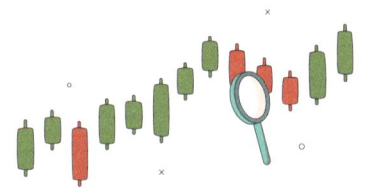

주식이 두려운 이유는 주식을 해서 돈을 벌었다는 사람보다 오히려 손실을 봤다는 사람들의 이야기가 많기 때문일 겁니다. 왜 주식투자로 손실을 봤을까요? 잘못된 주식투자를 했기 때문입니다. 자본주의를 이해하고 제대로 된 방법으로만 투자를 한다면 돈이 모이지 않을 리 없습니다.

"자본주의 사회에서는 주식을 안 하는 것이 오히려 더 위험합니다"

자본주의 사회에서는 금융기관이 일을 하는 한 시중에 계속 돈이 많아집니다. 금융기관이 대출을 하면 할수록 시중에는 돈이 계속 늘어나는 구조입니다.

돈이 계속 많아지면 어떨까요? 물가가 오르겠죠. 돈이 계속 늘어나면 물가가 오르듯 주식 같은 자산가격도 함께 오릅니다. 하지만 현금을 가지고 있으면 어떨까요? 물가는 오르는데 현금은 그대로이니 실제로는 현금의 가치가 떨어지는 것입니다. 그러니 주식을 안 하는 것이 오히려 더 위험합니다.

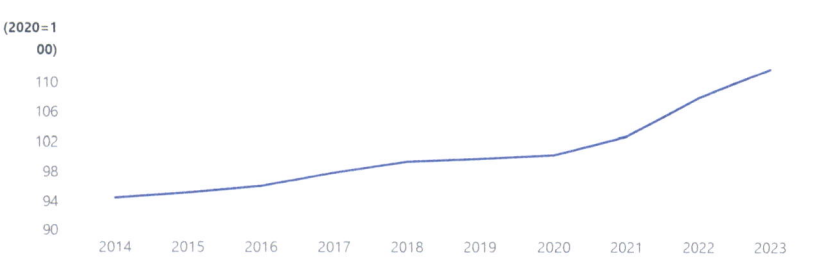

출처: KOSIS

잘못된 주식투자의 대표 사례가 바로 주식시장에서 기업의 가치를 찾으려는 노력 없이 주식가격만 보고 매매하는 겁니다. 차트를 보고 곧 상승할 것이니 매수해야 한다든지, 좋은 정보가 있으니 지금 사야 한다든지 하는 이야기를 듣고 주식에 접근합니다.

우리는 '전문가'라고 생각하는 사람들의 이야기를 듣고 주식을 사려는 경우가 많죠. 이들이 말하는 것은 주로 '마켓타이밍'입니다. 마켓타이밍 투자는 어떤 종목이 상승할 것으로 보이면 매수하고, 하락할 것으로 보이면 매도하는 방식입니다.

하지만 마켓타이밍을 포착하는 것은 그 누구라도 불가능합니다. 이 방식으로 주식에 접근하면 주식투자에 성공할 리가 없습니다.

"마켓타이밍은 없다"

어떤 사람들은 차트를 보고 투자 시점을 정하라고 조언하는 사람도 있습니다. 제 입장에서는 어처구니없는 일입니다. 차트는 과거의 발자국일 뿐입니다. 미래가 그렇게 될 것이라는 보장은 없습니다. 몇 번은 들어맞을지 몰라도 최종 결과는 좋지 않을 겁니다. 가진 돈을 몽땅 털어 넣고, 사고팔기를 반복하면 결국 예측이 틀릴 때 모든 돈을 잃고 맙니다.

워런 버핏의 스승으로 유명한 벤저민 그레이엄이라는 투자가는 그의 책 《현명한 투자자》에서 기업의 가치와 주식의 가격을 구분해서 가치보다 가격이 낮은 것을 사면 투자이고, 둘을 구분하지 못하거나 가격만 보고 사면 '투기'라고 했습니다. 투기가 아닌 투자를 하려면 기업의 가치를 파악해야 하고, 나만의 철학을 갖고 주식을 사야 합니다.

주식을 산다는 것은 투자한 회사의 지분을 취득하는 것입니다. 주식을 영어로 '에쿼티equity'라고 합니다. 지분이라는 뜻이죠. 지분을 모아가는 것이 투자입니다. 하지만 한국에서는 남들보다 정보를 먼저 알아서 잽싸게 사고팔아 단기간에 목돈을 만드는 수단으로 생각합니다. 이는 아직 우리 주식투자 문화가 덜 성숙했음을 보여주는 단면입니다.

한국 주식시장은 일제 강점기 때 형식적인 개장을 하긴 했지만, 상장 기업 수가 늘고 거래가 활성화되면서 주식시장 본연의 역할을 하게 된 것은 1970년대 이후부터입니다. 국가경제의 발전상을 주식시장을 통해 확인할 수 있을 만큼 급격한 성장을 이뤘지만, 수많은 돌발 이벤트로 우여곡절도 많았습니다. 투기거래로 단기간에 큰 수익을 내는 한편, 무슨 무슨 파동으로 손도 못쓰고 깡통계좌가 되는 일도 생겼습니다. 그런 일들이 몇십 년에 걸쳐 반복됐기 때문에 주식투자라고 하면 일확천금과 패가망신을 오가는 도박이라는 이미지가 강하게 형성된 것입니다. 성숙하지 않은 투자 문화가 두려움을 크게 만든 것이지요.

아직도 성숙하지 못한 투자 문화는 이어지고 있습니다. 몇 년 전에 주식시장 분석을 업으로 하는 한 애널리스트한테 이런 말을 들었습니다.

"우리나라 주식시장에서 수익을 내는 사람은 5% 정도입니다."

"그렇다면 나머지 95%가 손실을 보고 있다는 건데, 이래서야 어떻게 시장이 유지됩니까?"

제가 물었더니 돌아온 대답이 이랬습니다.

"깡통이 된 95%가 손을 털고 나가면, 새로 그만큼의 신규 참여자가 들어옵니다."

정말 충격을 받았습니다. 주식투자로 깡통이 된다는 것도 참 어이없는 일이지만, 그런 사람들이 무려 95%나 된다는 게 도무지 이해가 되지 않았습니다. 사실이 그렇다면 그건 투자가 아니라 투기를 했기 때문입니다.

"투기가 아닌 투자를 하세요"

미국에서는 어려서부터 금융교육을 하기 때문에 주식투자에 대한 이해가 높습니다. 미국 사람들의 자산은 주식, 채권, 펀드의 비중이 60%를 넘습니다. 미국 사람들은 왜 그렇게 위험한 곳에 많은 돈을 넣어두고 있을까요? 한마디로 답하면, 자본주의를 이해하고 있기 때문입니다. 자본주의 사회에서는 자본가만이 부자가 될 수 있다는 사실을 이해하고, 평범한 사람이 자본가가 되려면 가장 쉬운 방법이 주식투자라는 걸 알기 때문입니다.

반면에 우리나라는 75%의 자산이 부동산인 데다, 부동산을 제외한 나머지 자산에서 현금이나 예금이 절반을 차지하고, 주식이나 채권이나 펀드에 투자된 자산은 20%도 채 안 됩니다.

이제 우리 주식시장도 100년의 역사를 향해가고 있습니다. 경제도 고도 성장기를 지나 안정기에 접어들었기 때문에 변동성과 불안정성이 줄었습니다. 무엇보다 주식은 평범한 사람들이 노후 준비를 할 수 있는 마지막 보루입니다. 좋은 기업을 골라 동업자의 마음으로 꾸준히 투자해야만 성장의 열매를 나눠 가질 수 있습니다. 시간과 믿음만 있다면 누구든 열매를 나눠 가질 수 있습니다. 주식투자는 무서운 일이 아닙니다. 아이들에게도 투기가 아닌 '투자'를 알려주세요. 아이가 투기의 두려움보다 투자의 즐거움을 알게 되는 것은 부모가 어떻게 하느냐에 달려 있습니다.

'투자 철학'을 어떻게 만드나요?

자본주의에서 주식을 안 하는 것이 더 위험하다는 말씀에 크게 공감이 갑니다. 실제로 제가 기자가 된 후 만났던 자산가나 오피니언 리더들은 대부분 경제지식을 바탕으로 투자를 하고 계셨고, 특히 주식 투자로 많은 자산을 형성한 분들은 투자에 대한 본인의 '철학'이 굉장히 확고하다는 것을 발견할 수 있었습니다.

이분들의 공통점은 세상의 변화에 굉장히 관심이 많다는 것이었습니다. 특히 자신이 관심이 있는 분야에 대해서는 그 분야 전문가만큼이나 해박한 지식을 갖고 계셨습니다.

재미있는 점은 투자의 대가라고 하는 분들의 관심사가 모두 일치하지는 않는다는 점입니다. 어떤 분들은 반도체, 어떤 분들은 콘텐츠, 또 어떤 분들은 바이오 등 자신만의 전문 분야가 있었고, 각각의 분야에서 투자성과도 좋으셨습니다. 내가 투자하려는 분야에 대한 관심과 공부가 있어야 부로 이어질 수 있다는 방증이겠죠.

그런데 다른 사람들의 이야기에 흔들리지 않는 나의 철학은 어떻게 만들어지는지, 그조차도 막막하신 분들이 많을 것 같습니다. 특히 우리 아이의 미래를 위한 투자라면 아이들과 함께 단단한 철학을 만들어가야 할 텐데 '나만의 철학'을 어떻게 만들 수 있을까요?

A 나의 철학을 만드는 것은 생각과 고민을 많이 하면 누구든지 충분히 할 수 있는 일입니다. 여러분이 백화점에서 옷을 한 벌 산다고 가정해 보세요. 백화점을 한번 쭉 둘러보다가, 마음에 드는 분위기의 매장에 들어가서 전체적으로 옷을 쓱 둘러보고, 나한테 잘 어울릴 만한 옷을 몇 벌 골라서 입어보죠? 또 집에 있는 내 옷이랑 어울릴까 생각도 해보고, 내 머리 스타일이나 구두랑 잘 어울릴까, 가방이랑 잘 어울릴까 고민해서 신중하게 사죠?

그런데 이상하게도 주식을 살 때는 남이 좋다고 하는 말을 믿고 사는 경향이 있습니다. 소중한 돈을 투자하면서 남이 주는 정보로 하는 것은 너무 이상하지 않나요? 옷을 살 때 나는 이게 맘에 드는데 점원이나 친구가 더 낫다는 걸 사놓고 결국 맘에 안 들어서 몇 번 입지도 못하고 옷장에 그대로 묻어둔 경험 있으시죠? 나한테 잘 어울리는 옷은 내가 가장 잘 알듯이, 나에게 잘 맞는 주식도 나만이 고를 수 있습니다. 주식도 내가 옷을 고르듯이 살펴보고 사야 합니다. 만약 철학이 없으면 투자에서 늘 불안할 수밖에 없습니다.

"철학이 없으면 투자가 불안해집니다"

제가 주식에 대해 제대로 된 철학을 배운 경험을 알려드리겠습니다. 저는 1991년에 미국의 유명 자산운용사인 스커더에 입사했습니다. 당시 미국 사회는 걸프전 여파로 무척 혼란스러운 분위기였고, 주식시장도 마찬가지였습니다. 계속되는 불경기과 불안감에 투자자들은 펀드에서 투자금을 회수했고, 주식시장의 변동성도 무척 높았습니다. 어느 정도 안정이 된 후 미국 증시는 10년 동안 유래 없는 상승세를 이어갔습니다. 1991년 1월 2,700포인트대였던 다우지수가 1999년 말 1만 1,400포인트대까지 무섭게 상승했습니다. 그러니 어떻겠어요. 주식으로 한몫 잡겠다는 사람이 얼마나 많았을까요? 그런데 많이 오른 주식을 보유한 사람도 주식이 떨어질까 봐 오래 보유하지 못했어요. 조금만 오르면 팔아 치우고, 오르면 팔아 치우고 하는 것이 반복됐죠.

그런데 스커더는 주식투자에 대해 뚜렷한 철학이 있었어요.

첫째는 주식투자는 사고파는 기술이 아니라는 것, 둘째는 마켓타이밍은 잘못된 투자방법이라는 것이었어요. 그 철학을 고수한 덕분에 우리는 미국 증시의 역사적인 상승기를 가감 없이 누릴 수 있었어요.

"주식시장을 예측하는 것은 오만입니다"

주가는 끊임없이 움직입니다. 주식시장은 기업의 실적뿐 아니라 경제, 정치, 문화 등 사회 전반의 일들이 반영되는 곳이기 때문입니다. 또 같은 현상이 나타나도 시장참가자들이 어떻게 받아들이느냐에 따라 주가가 정반대로 움직이기도 합니다.

그 모든 것을 분석해 주가의 향방을 예측하겠다고 하는 것은 거의 오만에 가깝다고 할 수 있습니다.

따라서 주식을 사고팔 때는 시장의 변동에도 흔들리지 않는 자신의 기준이 있어야 합니다. 자기 기준이 없을 때는 성공하기보다 실패할 확률이 월등히 높아집니다. 특히 아이들이 어릴 때는 엄마가 제대로 된 철학을 갖고 있어야 아이들 자산관리를 제대로 할 수 있고, 아이에게 제대로 가르쳐 줄 수도 있겠죠.

"아이와 함께할 동업자를 고르세요"

아이의 미래를 위해 주식투자를 하는 것은 아이의 미래를 함께할 동업자를 구하는 것과 같습니다. 동업자를 구할 때 쓸데없는 정보는 필요 없습니다. 이 회사가 우리 아이가 성인이 될 때까지 꼭 필요한 기업인지, 그때까지 계속 성장할 기업인지를 보면 됩니다. 그런 정보를 얻기 위해서 노력해야 하죠.

정보를 얻는 것은 어렵지 않아요. 인터넷에서 충분히 구할 수 있습니다.

주식을 사는 것은 회사의 일부분을 소유하는 것입니다. 아이 이름으로 투자를 한다면 그 회사의 직원들이 열심히 일해서 아이에게 돈을 벌어다 주는 것입니다. 그러니 아이에게 돈을 잘 벌어다 줄 기업을 찾아야겠죠? 어떤 주식을 사줘야 할지 그려지시나요? 적어도 망해가는 기업을 아이의 동업자로 삼고 싶진 않겠죠? 경영자가 정직하고 성실해서 빠르게 변해가는 세상의 변화를 놓치지 않고 늘 기회를 포착해 지속적으로 성장하는 기업이었으면 좋겠죠? 그게 투자 철학입니다. 주식투자는 성장할 만한 기업을 사서 오래 들고 있는 것입니다.

아이의 동업자를 점찍어두고 아이가 어렸을 때부터 꾸준히 투자를 한다면 20년 후 동업자는 어떻게 돼 있을까요? 20년 동안 어떻게 하면 돈을 잘 벌지 고민하고 실행에 옮겼다면 그 동업자는 얼마나 성장했을까요? 한번 상상해보세요. 상상한 내용이 좋다면 투자를 해야 하고, 좋지 않다면 투자하지 말아야 합니다.

전설적인 투자자 워런 버핏은 면도기 회사 질레트 주식을 매수한 뒤 "매일 밤 잠자는 동안 수염이 자라는 남자가 25억 명이나 있다는 생각을 하면 힘이 난다"는 이야기를 한 적이 있습니다.

아이의 동업자가 될 만한 좋은 기업을 소유하는 것은 얼마나 기쁘고 뿌듯한 일인가요?

"스스로 발견하는 기쁨을 누리세요"

저는 알려지지 않은 좋은 주식을 발견하면 흥분이 됩니다. 다른 사람들은 아직 좋은 주식이라고 여기지 않은 주식을 남보다 더 먼저 발견했다는 사실에 기쁨이 샘솟습니다. 저는 이런 흥분을 주는 주식에 장기 투자합니다.

저 같은 전문적인 펀드매니저만 그럴 수 있는 것이 아닙니다. 개인투자자들도 얼마든지 이런 기쁨을 누릴 수 있습니다. 제가 아는 어떤 사람은 스스로 찾아낸 방법으로 주식투자에 뛰어들어 큰 성공을 거뒀어요. 바로 슈퍼마켓이나 대형마트 진열대에서 가장 좋은 위치에 진열돼 있는 물건을 만드는 회사에 집중했습니다. 특히 신제품이 들어와서 지속적으로 좋은 자리에 놓이는 것을 발견하면 확신을 갖고 회사에 투자했습니다. 소비자 반응이 좋은 상품을 만드는 회사에 투자하면 성공확률이 높아질 수밖에 없습니다. 이렇게 잘 팔리는 물건을 만드는 기업을 찾고 투자해 부자가 된 것입니다.

다른 사람의 의견에 의존해서는 절대 흙 속의 진주를 발견하는 기쁨을 누릴 수가 없습니다. 아이들과 대화를 통해서 좋은 기업을 찾다 보면 아이와 엄마가 이런 짜릿함을 느낄 수 있습니다. 학원 시험에서 100점을 맞는 것과는 비교도 할 수 없는 기쁨이죠.

"철학이 없는 투자는 도박이나 다름없습니다"

하지만 자신의 철학 없이 다른 사람이 추천한 기업을 골랐다면 어떨까요? 내가 동업자에 대한 믿음이 없으면 아이가 어른이 될 때까지 동업자를 오랫동안 믿어줄 수 있을까요? 주가가 오르면 오르는 대로, 떨어지면 떨어지는 대로 불안합니다. 그래서 몇 퍼센트 오르면 '수익실현'한다고 팔아버리고, 몇 퍼센트 내리면 '손절매'한다고 팔아버립니다. 이렇게 자꾸 거래를 하면 거래 수수료가 계속 나가면서 증권사의 배만 불려주고, 투자된 돈과 시간이 짧으니 동업자에 대한 결과도 만족스럽지 않습니다.

자신의 기준을 갖고 기업 분석을 했다면, 그 기업이 성장을 하는 한 계속 보유하고 있으면 됩니다. 지금 당장 팔 것이 아니기 때문에 오늘 몇 퍼센트 올랐는가는 별로 중요하지 않습니다. 주가가 하락하면 지분을 늘릴 기회가 되므로 오히려 좋은 일입니다.

하지만 남의 추천이나 차트만 보고 주식을 샀다면 그 판단을 할 수가 없습니다.

"주식투자에 전문가는 없습니다"

많은 사람이 전문가는 자신보다 주식에 관해 더 많이 알고 있을 것이라는 선입견을 갖고 있습니다. 그들이 조금 더 투자 경험이 많고 훈련이 돼 있을 수 있어도, 모든 주식에 관심을 가질 수 없습니다. 오히려 여러분들이 관심을 가지고 꾸준히 지켜보는 기업에 관해서는 전문가보다 당신이 더 많이 알고 있을 가능성이 높습니다. 그러니 전문가의 말이라고 무조건 의존하지 마세요.

무엇보다 본질적으로 그들은 당신의 투자를 도와줄 수 없다는 점을 깨달아야 합니다. 그들과 당신은 주식투자에 대한 철학 자체가 다를 수 있습니다. 이를테면 증권사 직원은 고객이 계속 매일매일 주식을 사고팔기를 원할지도 모릅니다. 고객의 거래 수수료가 수입의 원천이니 당연한 일이죠.

증권사만 그런 게 아닙니다. 저가에 미리 사놓은 주식을 고가에 팔아서 수익을 올리려는 측도 뉴스와 미디어를 활용합니다. 이미 주가가 기업가치에 근접해 있거나 기업가치보다 비싸게 주식을 팔기 위해 호재 뉴스를 내보내기도 하고 매수세가 많은 것처럼 꾸미기도 합니다. 이런 사실을 알고 나면 왜 투자를 자기 스스로 결정해야 하는지 알 수 있습니다.

"1만 원대였던 '하이닉스' 주식 꾸준히 모았더라면…"

◆ 증권방송에 다니면서 오랫동안 주식을 안 했던 이유는 "지금 사야한다"라고 말하는 전문가들의 방송을 계속 지켜볼 수 없었고, 시장을 계속 들여다볼 수 없기 때문입니다. 그때까지만 해도 주식투자를 하려면 증시의 움직임이나 전문가가 사라, 팔아라 하는 것들을 장이 열린 동안 내내 지켜보고 있어야 한다고 생각했습니다. 하지만 저만의 철학이 생긴 지금, 이런 생각이 얼마나 바보 같은 생각이었는지 알게 됐습니다. 제대로 된 주식투자는 짧은 시간에 일희일비 하는 것이 아님을 깨달았기 때문입니다.

입사 초기에는 특정 기업을 담당하는 출입기자가 되면 그 기업의 주식을 한두 주 사서 주가의 변화를 관찰했습니다. 약 15년 전 기자가 된 첫 해에 저는 하이닉스라는 반도체 회사에 출입했습니다. 그때 하이닉스 주식 몇 개를 샀습니다. 당시에는 하이닉스가 SK그룹 산하의 기업도 아니었고, 주가도 1만 원대에 머물렀습니다. 그럼에도 불구하고 우리 회사 방송에 나온 전문가들은 하이닉스가 오를 것이라는 장밋빛 전망을 내놨습니다.

하지만 제가 출입하는 동안 하이닉스의 주가는 횡보했습니다. 오히려 제가 처음 봤던 가격보다 더 떨어진 적이 많았습니다. 저는 몇 주밖에 안 되는 주식을 손실을 보고 팔아 치웠습니다.

그때 저는 주식을 다루는 경제방송 기자이지만 주식은 하는 것이 아니라고 생각했었습니다. 주식투자에 대한 제대로된 철학이 없었기 때문입니다. 기자들의 출입은 1년에서 길어야 2년입니다. 주식투자 기간으로 삼기에는 너무 짧은 기간입니다. 기업에 대한 제대로 된 분석이 없이 전문가의 이야기만 듣고 산 몇 개의 주식이 곧 올라 부자가 될 것이라는 막연한 기대를 했습니다. 기업에 대한 지식이 없으니 믿음도 없고, 제대로 된 철학마저 없으니 주가 하락을 참지도, 다시 오를 때까지 기다리지도 못했던 것입니다.

그런데 지금은 어떤가요? 하이닉스의 기술을 눈여겨본 SK그룹이 인수를 했고, 현재는 SK그룹의 핵심 계열사가 됐습니다. AI시대에 대한 기대로 SK하이닉스의 주가는 한때 30만 원 가까이 상승하기도 했습니다.

15년 전, IT 산업과 반도체 기술에 대한 믿음을 바탕으로 한 제대로 된 투자 철학만 있었다면, 적어도 꾸준히 주식을 모아 계속 보유했다면 지금 어떻게 됐을까요? 지금 이 책을 쓰고 있지 않을 수도 있겠죠.

주식은 여윳돈으로 하라는데, 여유자금이 없어요.

지난 2023년 정부가 발표한 '초중고 사교육비 조사'에 따르면 우리나라 사교육비 총액은 27조 1,000억 원으로 집계됐습니다. 학생 수는 줄어들지만 사교육비는 점점 늘어나고 있는 추세입니다. 2023년 학생 1인당 월 평균 사교육비는 43만 4,000원으로 역대 최고치를 찍었습니다. 이렇게 아이들 교육비로 들어가는 돈만 해도 매년 상승세고, 물가도 빠르게 올라서 생활이 늘 빡빡합니다.

그런데 대표님이 낸 책이나 출연한 유튜브 방송을 보면 주식투자는 꼭 '여윳돈'으로 해야 한다는 말씀을 많이 하십니다. 일반적으로 월급생활자들은 대출이자 내고, 애들 학원 보내고, 먹고사는 데 쓰는 것만 충당하기에도 너무 버겁습니다. 여기에 주변 경조사도 챙겨야 하고, 여행이라도 한번 갔다 오면 목돈이 훅 나갑니다. 그렇다 보면 여윳돈이 사실 없는 경우가 많습니다. 당장 내 노후 준비도 안 됐는데, 아이들 주식까지 사는 것은 여간 절약해서는 자금을 마련하기가 어렵습니다. 그래서 주식투자는 항상 후순위로 밀리는 것 같습니다. 여윳돈은 어떻게 만들어야 하나요?

A 이 세상에서 가장 중요한 나의 노후 준비가 어떤 소비보다 우선순위가 되어야 합니다. 사람들에게 주식에 투자하라고 하면 제일 먼저 하는 말은 "주식투자 할 돈이 없어요"입니다.

그런데 진짜 없을까요? 그건 우선순위에서 밀려 있기 때문입니다. 아니면 부자가 되고 싶은 마음이 없거나 일찍 포기했기 때문이겠죠. 아이들에게는 비싼 학원을 보내고, 비싼 데서 외식을 하면서 아이들을 위해 투자할 돈이 없다거나 명품백을 사고, 좋은 데 놀러 다니면서 돈이 없다고 하는 건 사실 자신과 아이들의 노후에 대한 인식이 희박하다는 증거예요.

주식은 부동산과 달리 투자하는 데 목돈이 필요하지 않아요. 택시 한 번 덜 타고, 커피 한 잔 덜 마시고, 외식 한 번 덜해도 충분한 투자금이 될 수 있습니다. 1만 원이 있으면 1만 원어치를 사면 되고, 10만 원이 있으면 10만 원어치를 사면 됩니다.

만약에 아이에게 겨울에 20만 원짜리 점퍼를 사주려고 했다고 한다면, 10만 원짜리 점퍼를 사주고 10만 원은 주식을 살 수 있겠죠. 또 여행을 가려고 하는데 호텔방이 1박에 30만 원이라고 한다면 20만 원짜리 호텔방을 쓰고 10만 원은 주식에 투자하는 방식으로 여윳돈을 만들 수 있습니다.

"여유자금은 오늘 아낀 돈입니다"

물론 가장 좋은 것은 되도록 여행을 안 가고 최소한의 옷으로만 생활하고 나머지를 모두 투자해 빠른 시일 내에 큰 투자 열매를 얻는 것이겠죠. 하지만 그렇게는 안 되겠다면 자신의 씀씀이를 줄여서라도 여윳돈을 만들어 투자할 수 있습니다.

주식에 대한 철학이 확고한 사람은 과소비를 안 해요. 소비를 투자로 바꾸면 그 열매가 훨씬 크다는 걸 알기 때문이죠. 부자처럼 보이려고 명품백이나 옷을 사는 사람과 매일 그 돈을 투자한 사람 사이에는 시간이 갈수록 부의 차이가 커질 수밖에 없겠죠.

주식은 부동산처럼 계약서를 작성하는 절차도 필요 없어요. 스마트폰에서 앱을 다운받아 마치 아마존이나 쿠팡 같은 온라인 커머스에서 쇼핑하듯이 간편하게 살 수 있어요. 적은 돈이라도 증권계좌에 입금해두고 한 주, 두 주씩 사 모으세요. 매일 장을 보듯, 가게에서 물건을 사듯이 일상적으로 주식으로 사세요. 주식은 그렇게 하는 겁니다.

주식투자에서 여윳돈이란 금방 쓸 일이 없는 돈을 말합니다. 워런 버핏은 증권거래소가 10년간 문을 닫아도 그 주식을 가지고 있는 것이 행복하지 않으면 그 주식을 사지 말라고 했습니다. 10년 이상 투자해도 될 만큼 장기적으로, 내 수중에 그 돈이 없다고 생각할 정도의 돈으로 투자해야 합니다. 예를 들어 다음 학기 자녀 등록금이나 1년 뒤에 올려줘야 하는 전세돈은 여유자금이 아닙니다.

간혹 적금 만기가 됐는데 반년 정도 투자할 곳이 필요하다며 상담을 청하는 사람들도 있어요. 하지만 반년 동안 돈을 불려줄 만한 주식이 어떤 것인지 나는 모릅니다. 그리고 그걸 아는 사람이 있으리라고 생각도 안 합니다. 주가는 단기적으로는 예측이 가능하지 않아요.

"빚은 쫓기는 돈입니다"

또 명심할 것은 절대 빚을 내서 투자하면 안 된다는 점입니다. 조만간 돌려줘야 하거나 이자를 내야 하는 돈으로 주식을 사면 심리적으로 쫓기게 됩니다. 금리가 올라 이자는 많이 내야 하는데 주식에서 수익이 안 난다면 어떨까요? 오래 보유할 수가 없어요. 주가 움직임에 더 민감해져서 사고팔기를 반복하느라 손실을 볼 가능성이 커집니다.

여유자금, 즉 지금 생활하는 데 꼭 필요하지 않은 돈으로 투자해야만 원치 않는 시점에 팔지 않아도 됩니다.

자녀의 계좌에 투자를 해줄 때도 아이가 1, 2년 내 등록금을 낸다거나 유학을 가게 돼 돈을 써야 하는데도 주식에 투자하면 손실을 볼 수 있습니다. 아이의 계좌는 엄마의 자금보다 더 장기적인 시각으로 봐야 합니다. 아이의 노후를 엄마가 미리 준비해준다는 생각으로 긴 시간 투자하다 보면 아이는 그야말로 '주식 금수저'로 사회에 나올 수 있을 것입니다.

"버리는 돈으로 투자를 시작하세요!"

✦ 저는 엄마들이 주식에 대한 투자철학을 만들어가는 과정을 돕기 위해 '1일 1경제기사 읽기' 챌린지를 운영하고 있습니다. 챌린지에 참여하는 분들이 공통적으로 하시는 말씀은 분명 돈을 버는데 돌아보면 돈이 없고, 사치를 하지도 않는데 돈이 모이지 않는 것이 참 이상했다고 합니다. 또, 주식투자를 하지만 주식이 왜 오르는지 왜 떨어지는지 판단이 어렵고, 내가 산 주식에 대한 확신이 없으니 항상 불안한 상태였다고 합니다. 그래서 아이들에게는 제대로 된 금융교육을 시켜줘야겠다는 생각이 들고, 자신의 노후를 위해서 지금부터라도 확신을 갖고 투자하고 싶은 마음에 지속적으로 챌린지에 참여하시는 분들이 많습니다.

저도 늘 같은 생각이었습니다. 회사에서 열심히 일하고, 돈을 그렇게 많이 쓰지도 않는 것 같은데 왜 내 통장에 1천만 원도 없는지 한심하게 생각한 적이 많았습니다. 그러던 중 몇 년 전 자산운용사들을 출입하면서 ETF라는 상품을 접하고는 매력에 빠졌습니다. ETF는 1~2만 원대로 투자할 수 있는 상품입니다. 그때부터 저는 커피값, 점심값을 아껴 ETF에 투자하기 시작했습니다. 제가 자산운용사를 출입할 당시는 지수 추종 ETF상품이 대다수였다가 테마형 ETF가 막 등장하기 시작하던 ETF 개화기라고 할 수 있습니다. 그 시기 그 시장에 있었던 덕에 저는 1~2만 원으로 투자를 지속할 수 있었고, 그것들이 4~5년 지나니 눈앞에 돈이 쌓이는 것이 보이기 시작했습니다.

과거에 돈을 벌었지만 돈이 모이지 않았던 것은 투자는 큰돈으로 해야 하는 줄로 알고 접근조차 하지 않았기 때문입니다.

그래서 제가 운영하는 스터디에서 저는 '여윳돈'이라는 단어를 '버리는 돈'이라고 바꿔 부릅니다. 다른 데 쓰려고 했던, 어차피 쓰려고 했던, 내 수중에 없는 '버려진 돈'으로 ETF에 투자하면, 써버린 줄 알았던 그 돈이 미래에 엄청나게 불어나 있을 것이라고 말합니다.

그리고 우리는 투자를 하는 동안 경제기사를 통해서 세상의 변화를 관찰하는 것이 중요합니다. 지금 내가 투자하고 있는 펀드나 종목이 앞으로도 계속 나에게 돈을 벌어다 줄지 말지를 계속 점검해야 합니다. 경제기사를 보면 내가 하고 있는 투자의 믿음이 더 확고해지거나 새로운 기회가 있는 종목을 고를 수도 있을 겁니다.

Q5 아이 적금을 넣고 있는데 주식을 꼭 해야 할까요?

국내 주식의 가격제한폭은 상한이든 하한이든 30%까지 움직일 수 있습니다. 이 제도는 지난 2015년에 시행됐습니다. 그 전까지 가격제한폭은 ±15%였지만 미국이나 독일, 영국 같은 선진시장은 가격제한폭이 없는데 반해, 한국 시장은 보수적이라는 비판에 가격제한폭을 두 배로 확대한 것입니다. 만약 손실을 본다면 하루 만에 30%가 폭락할 수도 있고, 3일 연속으로 30% 하락을 맞는다면 나의 자산이 거의 바닥나는 상황을 맞이할 수도 있습니다. 물론 반대 상황도 가능하지만요.

그래서 이런 저런 이유로 주식이 두려우신 분들은 아마 은행에 돈을 모아두고 계신 경우가 많을 겁니다. 제 주변에도 정부에서 아이들에게 지원해주는 아동수당이나 양육수당으로 적금을 드는 경우가 많거든요.

특히 투자기간이 길어 이미 복리효과를 어느 정도 누리고 계신 분들은 이를 유지하려는 경향이 더 강합니다. 아이들 미래를 위한 자금을 이미 은행에서 정기예금이나 적금으로 꾸준히 모으셨던 분들은 그 방식을 계속 유지하는 것이 좋을까요? 아니면 기존의 방식을 확 바꿔 주식으로 대부분 전환해야 할까요?

A 흔히 예금은 안전자산이라고 말합니다. 이자율이 높건 낮건 은행에 맡겨두면 원금을 손해 볼 확률이 거의 없기 때문에 이렇게 분류하는 건데, 이런 시각은 자본주의 사회에서는 지극히 잘못된 인식입니다. 은행에 있는 돈은 물가상승률을 따지면 실질적으로 마이너스입니다. 내 돈이 은행에 있으면 시간이 갈수록 가치가 낮아진다는 뜻입니다.

"은행에 넣어둔 돈은 시간이 갈수록 가치가 떨어집니다"

명목임금과 실질임금을 따져보면 알 수 있습니다. 명목임금은 근로자가 노동의 대가로 받는 화폐액을 말합니다. 여기에는 물가상승률이 포함돼 있지 않습니다. 그래서 물가상승률을 반영한 소비자의 구매력을 알려면 명목임금에서 물가상승률을 뺀 실질임금을 따져봐야 합니다.

실질임금 = 명목임금 − 물가상승률

예를 들어 여러분이 받는 월급이 1.5배 올랐다고 해도 물가가 2배 올랐다면 실제로 쓸 수 있는 돈은 줄어든 거나 마찬가지죠.

지난 2019년 코로나를 겪으면서 전 세계 국가들이 시중에 돈을 많이 풀었습니다. 시중에 돈이 늘어나니 화폐가치가 떨어져 물가가 어마어마하게 올랐죠. 그러니 명목임금이 올랐다고 하더라도 실질임금은 오히려 마이너스가 된 셈입니다. 그런데 이런 일이 비단 최근에만 벌어진 것은 아닙니다. 여러 가지 이유로 물가가 버는 돈보다 더 빨리 상승한 것을 우리는 체감할 수 있습니다.

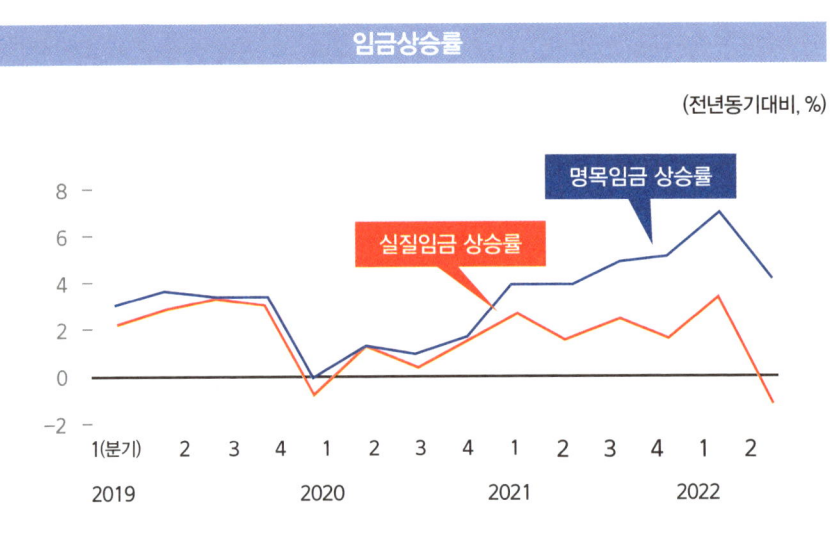

출처: 통계청

특히나 아이를 위한 자산이라면 이런 현상을 그냥 지나쳐선 안 됩니다. 지금 내가 아이에게 적금으로 넣어준 10만 원이 아이가 성인이 된 후에도 10만 원의 기능을 제대로 할까요?

부모들이 어렸을 때를 생각해보세요. 1만 원이 있으면 많은 것을 할 수 있었어요. 짜장면 가격은 1천 원도 안 됐죠. 지금 1만 원은 어떤가요? 짜장면 한 그릇 사 먹지 못하기도 합니다. 10만 원을 예금에 넣어두면 지금은 큰돈일지 몰라도, 아이가 성인이 됐을 때는 그 10만 원으로 짜장면 한 그

릇 사 먹기 힘들 수도 있습니다. 은행에 넣어두면 시간이 갈수록 그 돈으로 할 수 있는 것이 줄어듭니다.

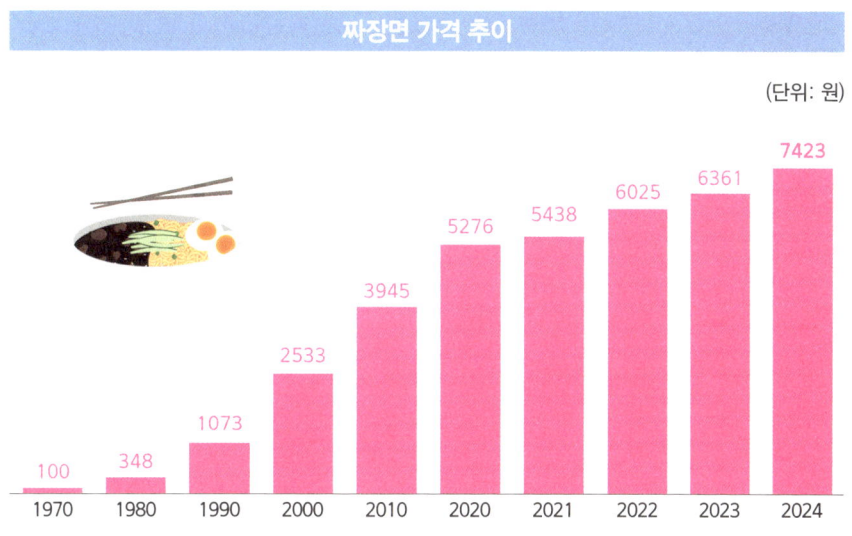

짜장면 가격 추이

(단위: 원)

연도	가격
1970	100
1980	348
1990	1073
2000	2533
2010	3945
2020	5276
2021	5438
2022	6025
2023	6361
2024	7423

출처: 한국물가정보

돈은 돌고 돌아야 해요. 그래야 끊임없이 재생산이 일어납니다. 회사에서 월급을 받거나 자기 사업을 통해 결제를 받으면 그 돈을 그대로 손에 쥐고 있는 사람은 없습니다. 먹거나 입거나 자는 데 일부를 쓰고, 배우거나 놀거나 문화생활을 하는 데도 쓰죠. 그리고 또 일부는 미래를 위해 저축합니다. 의식주, 교육, 문화생활로 지출하는 돈은 다른 사람에게 건네지니 돌고 돌아 자기 역할을 합니다. 그런데 은행에 예금이나 적금 형태로 저축하면 그 돈은 돌지 못합니다. 경제에 활력을 주는 역할도 하지 못하고 예금주의 부를 늘려주지도 못합니다.

"장기적으로 주식이 가장 안전한 자산일 수 있습니다"

주식은 위험자산이라고 말하죠. 원금손실의 위험이 있기 때문입니다. 하지만 장기적으로 따진다면 주식이 은행이자보다 훨씬 높은 수익을 가져다줍니다. 그런 면에서 은행에 있는 돈이 가장 위험하고 주식이 장기적으로 가장 안전한 자산일 수 있습니다.

만약 여러분이 투자한 회사가 1년에 9%의 수익을 올린다면 10여 년 후의 수익률은 대략 150%가 됩니다. 실제로 미국 S&P500 지수의 경우 1926년부터 현재까지의 연평균 상승률은 약 10%입니다. 이 수치는 배당금을 재투자했을 때의 상승률을 포함합니다. 만약 배당금을 재투자하지 않는다면 연평균 상승률은 약 6~7% 정도이지만, 은행 이자보다 훨씬 높은 수치입니다.

최근 30년간 S&P500 지수

따라서 주식을 잘 골라서 장기적으로 투자한다면 은행 예금보다 훨씬 더 높은 수익을 올릴 수 있습니다. 예를 들어 5천만 원을 아이가 태어나서 세상에 나가는 20년 동안 은행에 넣어두었을 때와 주식에 투자했을 때를 비교해볼까요?

연 4% 은행 정기예금에 5천만 원을 넣어두었을 때 수령액은 단리 적용 시 약 8,380만 원 정도에 그칩니다. 복리로 계산하면 1억 7천만 원가량 됩니다. 하지만 주식에 투자해서 평균 10%의 수익을 올린다면 수령액 1억 460만 원이 넘습니다. 이게 복리라면 3억 원이 넘는 수익이 가능합니다. 은행 예금의 두 배죠.

은행 예금과 주식투자 수령액 비교

	은행 예금	주식투자
금리	4%	10%
단리	8,380만 원	1억 3,460만 원
복리	1억 171만 원	3억 1,760만 원

게다가 10년 동안 주식시장이 제공하는 기회와 배당수익까지 따져본다면 은행에 맡겨놓는 안일한 방법을 선택하지 않겠죠.

"은행 예금주로 만족하지 말고 은행의 주주가 되세요"

우리나라 속담에 '티끌 모아 태산'이라는 말이 있습니다. 좋은 말이지만 은행에 예금해서는 힘듭니다. 은행의 예금상품은 원금 훼손이 없을 수는 있지만 시중금리 이상의 수익을 주지 않습니다. 그리고 대부분 세금을 빼고 나면 손에 쥐는 금액이 아주 적습니다. 그러니 저축만으로 월급쟁이가 경제독립을 이루는 것은 불가능에 가깝습니다.

은행이 든든하다는 생각이 여전히 강하면 은행의 예금주로 만족하지 말고 은행의 주주가 되는 것이 훨씬 매력적입니다. 결론적으로 은행에 예금을 하기보다는 은행의 주식을 사는 것이 장기적으로 현명한 방법입니다.

만약 한국 국민들이 지금과 같이 예금 보유 비중을 높게 유지한다면 앞으로 어떤 일이 일어날까요? 이웃나라 일본을 보면 짐작할 수 있습니다. 일본은 지난 20여 년간 경기침체를 겪어왔습니다. 그렇게 된 원인은 여러 가지가 있겠지만, 가계자산이 예금에 편중돼 있다는 점도 주요 원인입니다. 부의 80%가 노년층에 집중돼 있고, 대부분이 은행 예금에 들어 있습니다. 안전을 중시하고 위험을 감수하지 않으려는 성향이 그대로 반영돼 있습니다. 80%의 부가 제대로 운용되지 못하고 그 자리에 머물러 있으니 기업들이 투자를 받아 활발하게 기업활동을 하고 다시 투자자들에게 돌려주는 선순환 구조가 나오기 어렵습니다. 돈을 가둔 결과로 경기가 침체상태가 이어져 오랫동안 꽁꽁 얼어붙을 수밖에 없습니다.

다행스러운 것은 한국 국민들도 이런 현실을 인식하고 변화를 꾀하는 사람이 많아지고 있다는 점입니다. 지난 2020년은 의미가 깊은 해입니다. 내가 가진 노동력만으로 부의 형성이 힘들다는 것을 절감하고 주식투자를 시작한 사람들이 많아졌어요. 이른바 '동학개미운동'입니다. 그동안 투자에 대해 너무 모르고 살았다는 것을 사람들이 자각한 해였습니다.

"돈의 주인으로 살아야 합니다"

금융문맹에서 벗어나기 위해서는 자본주의의 원리와 자본의 힘을 제대로 이해해야 하고, 이를 자신의 삶에 적용해야 합니다. 바로 주식을 소유하는 것입니다. 우리 아이들에게는 이것을 꼭 가르쳐야 합니다. 돈에 대해 모르면 우리는 평생 돈에 끌려 다닐 수밖에 없습니다. 하고 싶은 일이 있어도 못 하고, 은퇴해서 쉬어야 할 나이에도 돈을 벌기 위해 계속 일해야 합니다.

한국의 노인 빈곤율은 세계 최고 수준이죠. 돈의 노예가 되지 않으려면 돈 공부를 해야 합니다. 우리 아이들을 돈의 노예로 살게 할 순 없겠죠. 주식투자는 당연히 하는 것으로 받아들이도록 해야 합니다.

"주목받는 '금' 투자… 몰빵보단 주식과 분산"

◆ 2025년 트럼프 행정부 2기가 시작되면서 트럼프는 '관세폭력'을 휘두르기 시작했습니다. 미국이 수입하던 물품에 높은 관세를 매겨 수출국의 경쟁력을 떨어뜨리고, 다른 나라의 공장들을 미국 내로 이전시키기 위한 전략이지요. 이 때문에 전 세계가 혼란에 빠지자 안전자산인 금 수요가 폭증했습니다. 금값은 천정부지로 치솟았고 한국에서는 한때 골드바의 판매가 중단되는 사태가 있었습니다. 혼란이 지속되면서 금도 주식만큼이나 보편화된 자산이 된 것이지요.

제가 아는 분은 돈을 벌 때마다 오로지 금을 모아왔습니다. 금은 현금과 달리 시간이 지날수록 가격이 오르는 자산 중에 하나입니다. 그런 면에서 돈을 예금이나 적금에 두지 않고 가격이 오르는 자산에 투자를 했다는 것은 아주 잘한 선택이지요.

실제로 금 한 돈 가격은 30년 전 4만 4,000원에서 2024년 50만 원을 넘어섰습니다. 1,070%, 약 11배가 상승한 것입니다.

하지만 미국 S&P500의 경우 지난 30년간 12배, 나스닥100의 경우 16배 상승했습니다. 30년간 배당수익까지 계산한다면 수익률은 훨씬 더 높습니다. 게다가 증시에 투자된 돈은 기업으로 흘러들어가 기업이 성장하는 데 중요한 역할을 합니다.

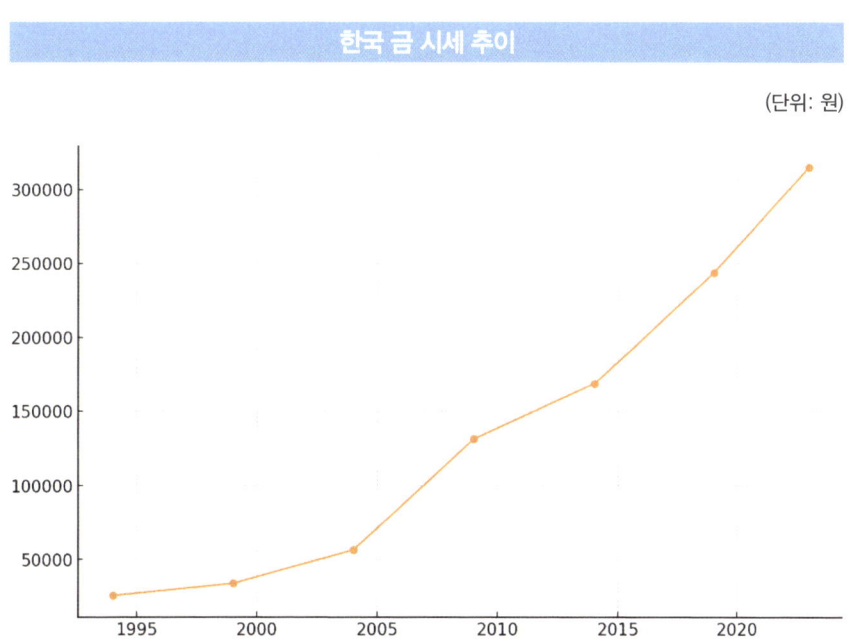

하지만 금은 광물의 상태로 은행에 머물러 있을 수밖에 없습니다. 금에 투자하는 것도 좋지만 일부를 주식에 투자했다면 이 돈이 살아 움직여 기술을 발전시키고 고용을 일으키고 기업을 성장시킵니다.

그 과정을 아이와 함께하는 즐거움까지 더해진다는 것을 인식한다면 자산을 금으로 한정하는 것이 아니라 주식에 분산하는 선택을 할 수 있을 것입니다.

Q6 부동산은 실패가 없다는데 주식보다 부동산이 낫지 않을까요?

한국인의 가구당 순자산은 글로벌 주요 선진국과 크게 차이가 없습니다. 하지만 한국인은 자산의 75%가 부동산에 묶여 있습니다. 이는 부동산을 현금화하지 않는 한 자산은 많지만 실제 쓸 현금은 없다는 뜻입니다. 한국은행에 따르면 주요국 구매력 평가에서 한국인은 하위권을 차지하고 있습니다. 전문가들은 부동산 비중이 높다는 것은 노후에 쓸 현금이 상대적으로 부족하다는 뜻이라고 분석합니다.

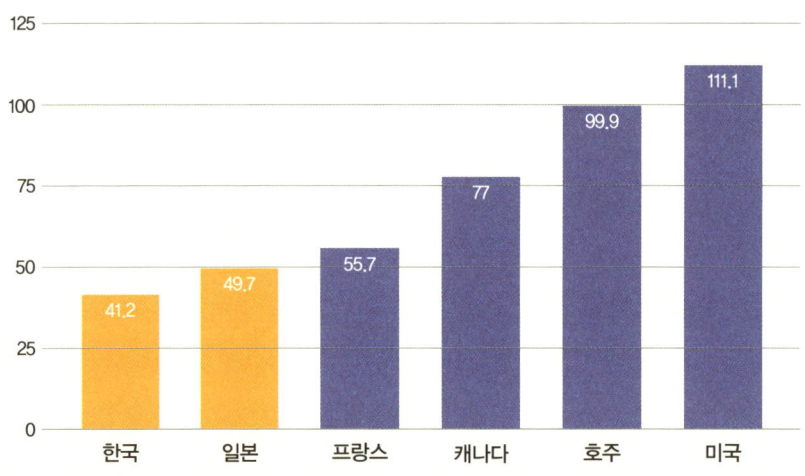

주요국 구매력 평가(PPP) 환율 기준 가구당 순자산 (단위: 만 달러)

- 한국: 41.2
- 일본: 49.7
- 프랑스: 55.7
- 캐나다: 77
- 호주: 99.9
- 미국: 111.1

그럼에도 불구하고 한국인들의 '집 소유'에 대한 욕구는 상당히 높습니다. '집도 없는데, 주식을?'이라는 생각이 주식투자를 가로막기도 합니다. 아직 아이와 함께 머물 우리 가족의 보금자리를 마련하지도 못했는데 우선 부동산을 사고 나중에 아이에게 주식투자를 해주는 것이 더 효율적이진 않을까요?

A 만약 내 재산이 100억 원이라면 20~30억 원짜리 집을 사는 것이 문제가 안 되겠지만, 현실은 그렇지 못하죠. 한국인 대부분은 자산의 70~80%가 부동산입니다. 하지만 젊은 사람들은 집에 집착할 필요가 없다고 저는 생각합니다. 월세에 대한 인식을 달리할 필요도 있어요. 월세는 버리는 돈이 아니라 그 집에 살 권리를 사는 겁니다.

그런데 월세가 아까워 집을 사느라 빚을 잔뜩 지면 은행에 높은 이자를 내야 할 부담이 생깁니다. 월세가 버리는 돈이라는 논리면 이자도 버리는 돈이죠. 젊을 때 월급에서 큰 부분을 이자로 내게 되면 노후 준비가 불안해지는 것은 당연하고 아이까지 있으면 생활이 더 쪼들리겠죠. 이자는 계속 올라 더 많은 돈을 은행에 내야 하는데 집값이 떨어지기라도 한다면 심각한 고통을 겪을 수 있습니다.

"여러 가지 면에서 주식이 유리해요"

자산을 불리기 위한 투자처로서도 부동산은 주식에 비해 여러 가지 면에서 불리합니다. 부동산 투자는 목돈을 필요로 하죠. 하지만 주식은 소액으로도 할 수 있습니다. 주식은 매일매일 투자도 가능하죠. 현금화하기에도 주식이 유리합니다.

그럼에도 불구하고 많은 한국인들이 내 집 마련을 꿈꾸고 부동산은 안전한 자산이며 무조건 가치가 오른다는 확신을 갖고 있습니다. 하지만 많은 사람들의 생각처럼 부동산은 불패일까요?

KB국민은행의 통계를 보면 1999년부터 2019년까지 전국의 아파트 가격은 168%, 서울만 한정하면 252%의 성장률을 기록했습니다. 같은 기간 코스피지수는 298포인트에서 2,162포인트로 725.5% 상승했고, 이 중 삼성전자는 3,354% 올랐습니다. 이런 결과만 본다면 부동산만 무조건 좋다는 인식이 틀릴 수도 있습니다.

그런데 왜 다들 부동산은 불패라고 생각할까요? 이유는 부동산은 장기로, 주식은 단기로 접근하는 사람들의 마음가짐이 가장 큰 이유라고 생각합니다. 주식은 짧은 시간 동안 사고팔아야 하는 것으로 인식해 수익률이 낮고, 주식은 투자가치가 떨어진다고 생각한 것입니다. 만약 주식도 부동산과 같이 장기로 접근했다면 이런 선입견은 많이 해소되었을 것입니다.

"주식은 보통 사람들이 부를 창출하는 거의 유일한 방법입니다"

제대로 이해하기만 한다면 주식투자만큼 보통 사람들을 큰 부자로 만들어주는 것도 없습니다. 자본주의 사회에서 보통 사람들이 부를 창출하는 거의 유일한 방법이죠. 월급생활자에게는 특히 그렇습니다. 매달 월급으로 생활하는 사람이 큰돈을 벌 기회는 크지 않죠. 그 월급만 20년, 30년 모아 은퇴를 대비하는 것은 사실상 불가능에 가깝습니다. 월급의 일정 부분을 떼어 주식에 투자한다면, 월급생활자이면서도 고용주의 입장에 설 수 있습니다. 회사의 성과는 무한히 증가할 수 있고, 그 성과를 주주로서 나눠 가질 수 있기 때문입니다. 주식을 갖는 순간부터 그 회사의 모든 경영진과 직원이 나의 부를 늘리기 위해 일하니 얼마나 즐거운 일입니까?

아이들을 위한 투자도 마찬가지입니다. 아이가 어렸을 때부터 투자를 했다면 아이가 어릴 때부터 그 회사의 모든 직원이 내 아이를 위해 일을 하겠죠. 그게 모이면 어떻게 될까요? 회사 성장과 더불어 20년, 30년 후에는 그 자산도 크게 불어나 있을 것입니다. 그 돈이 아이가 집을 사는 데 큰 도움이 될 것입니다. 아이는 부모처럼 집을 살 때 대출을 많이 받지 않아도 되고, 그만큼 내야 할 이자도 줄어듭니다. 특히 어렸을 때 부모가 증여를 해줄 경우 일정 부분 세금 혜택도 받을 수 있고, 세금을 정당히 낸 이후에 불어난 자산에 대해서는 상속세를 부과하지 않습니다.

하지만 부동산은 자녀에게 물려주려 할 때 높은 상속세 때문에 원하는 대로 증여하지 못하는 경우도 종종있습니다.

"아이에게 다양한 선택지를 주세요"

아이들이 꼭 집을 사지 않더라도 20년간 아이를 위해 모은 주식은 아이의 든든한 자산이 될 것입니다. 아이가 선택할 수 있는 대안도 늘어납니다. 하기 싫은 공부를 억지로 하지 않아도 되고, 꼭 좋은 대학을 가지 않아도 할 수 있는 것이 많아집니다.

만약 공부를 잘하고, 하고 싶어한다면 아이가 원하는 공부를 시키는 데 그동안 투자한 자산이 부모의 부담을 줄여줄 것입니다. 이 자금으로 아이가 창업을 할 수도 있습니다. 그야말로 생계 걱정 없이 아이가 하고 싶은 일을 마음껏 할 수 있는 '주식 금수저'가 되는 겁니다. 아이가 어렸을 때부터 부모가 주식에 꾸준히 투자한다면, 부모는 금수저가 아니었더라도 아이들은 금수저로 키울 수 있습니다.

**Q7 저는 아직 대출이 있어요.
대출을 먼저 갚아야 하지 않을까요?**

한국은행에 따르면 지난 2024년 전 금융권의 가계대출이 41조 6천억 원 늘어난 것으로 집계됐습니다. 전년도 증가액인 10조 1천억 원보다 4배가량 증가한 수치입니다. 이 가운데 주택담보대출은 은행권을 중심으로 57조 1천억 원 증가해 전년도인 45조 1천억 원보다 증가폭이 확대된 것으로 조사됐습니다. 코로나 이후 시중에 돈이 많이 풀리면서 자산가격 버블이 형성되고, 물가가 크게 오르자 금융당국이 대출을 옥죄면서 대출증가 속도를 낮췄는데 최근들어 다시 상승하고 있는 겁니다. 대출이 늘어나면 내야 할 이자도 늘어 쓸 돈도 줄어들고 투자할 돈은 더 줄어듭니다.

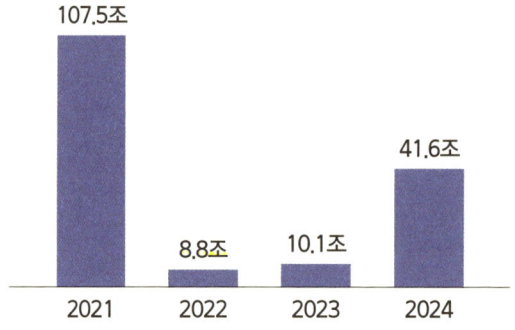

2024년 가계대출 동향

출처: 금융위원회

이렇게 매달 이자 부담이 커지고 있고, 원금을 갚지도 못하는 상황에 처해 있는 분들이라면 어떻게 해야 할까요? 이런 상황에도 주식에 투자해도 될까요? 빚을 갚는 것이 우선이 아닐까요?

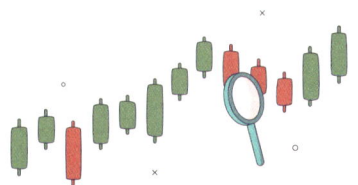

A 금융문맹 탈출 강의를 나갈 때마다 자주 등장하는 질문입니다. "주식투자를 하고 싶은데 빚이 있습니다. 그 빚을 다 갚고 나서 주식을 하는 게 좋을까요? 아니면 계속 빚을 갚아나가면서 주식투자도 같이 해나가는 게 좋을까요?"

"내가 진 빚이 좋은 빚인지 파악하세요"

이런 경우 내가 진 빚이 좋은 빚인지 파악하는 것이 중요합니다. 빚에는 좋은 빚과 나쁜 빚이 있어요. 좋은 빚은 내 재산을 늘리기 위해 지는 빚입니다. 예를 들어 살고 싶은 집을 사기 위해 은행에서 대출을 받는 것은 좋은 빚입니다. 대부분 부동산을 담보로 대출을 받기 때문에 이 빚은 이자율도 낮습니다. 이런 성격의 빚을 '레버리지'라고 부릅니다.

하지만 비싼 물건을 사기 위해, 여행을 가기 위해서 진 빚은 나쁜 빚에 속합니다. 그런 빚은 이자율도 높을 수밖에 없고, 내 재산을 늘리는 것이 아니라 갉아먹습니다. 담보가 없는 마이너스 통장이 그런 경우입니다. 나쁜 빚은 무조건 먼저 갚아야 합니다. 만약 나쁜 빚으로 투자를 했을 경우는 어떨까요? 주식을 산 이후에도 대출 이자가 부담이 되니 심리적으로 압박을 받습니다. 내야 할 이자 이상으로 수익률이 좋지 않으면 팔 수밖에 없는 상황이 됩니다. 그럼 장기투자가 어렵겠죠.

하지만 주식시장에는 늘 변동성이 있습니다. 변동성을 이기는 것은 '시간'뿐인데 나쁜 빚을 지고 이자 부담까지 갖고 있으면 시간을 투자하기도 힘듭니다. 그러면 단기간에 팔 수밖에 없고, 오히려 손실 때문에 빚을 더 져야 하는 상황이 됩니다. 몇 년이 지난 후에는 자신이 팔았던 주식이 더 높은 가격으로 오른 것을 보고 땅을 치며 후회할 것이 자명합니다.

요컨대 소비를 위해 진 빚들은 가능한 한 빨리 갚은 후 투자를 시작해야 하고, 자신이 살고 있는 집을 사기 위해 진 빚이라면 예정된 스케줄로 이자를 갚아나가면서 주식투자를 하면 됩니다.

"시간은 곧 기회입니다"

아이들을 위한 투자도 마찬가지입니다. 만약 주택담보대출이 있다고 해서 이 빚을 갚으려다 아이들의 투자가 늦어진다면 어릴 때부터 투자를 시작해 '시간에 투자하는 기회', '좀 더 일찍 부자가 될 수 있는 기회'를 놓치는 것입니다. 소비를 위해 진 빚이 아니라면 빚은 빚대로 갚고, 아이들의 학원비를 줄여서 그 돈으로 아이들을 위한 투자를 이어가세요. 장기적으로 내가 낸 이자보다 아이들에게 더 큰 수익을 가져다줄 것입니다.

아이 주식투자는 언제 시작하는 게 좋을까요?

국세청에 따르면 미성년자 배당소득자는 2020년 27만 9,724명에서 2021년 67만 3,414명으로 1년 새 두 배 이상 늘었습니다. 특히 태어나자마자 곧바로 주식을 증여받은 '0세 배당소득자'도 2018년 373명에서 가장 최신 통계인 2022년기준 4,669명으로 12배 이상 급증했습니다.

자산가들은 아이가 태어나자마자 상속을 해주고 아이들의 자산관리를 시작합니다. 미성년 투자자 수가 늘어나는 속도도 빨라지고 있습니다. 하지만 아직 아이 계좌가 없는 분들이라면 언젠가는 해야겠다는 생각을 갖고 계신 분들이 많으실 겁니다. 아이의 주식투자는 언제 시작하는 게 좋을까요?

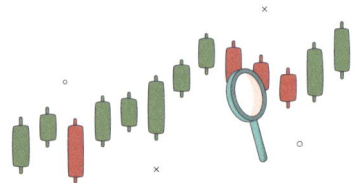

A 주식투자는 아이든 어른이든 지금 당장 시작하는 것이 가장 좋습니다. 누구에게나 주어지는 '시간'이라는 자원을 조금이라도 일찍 우리 아이의 편으로 만드는 것이 더 큰 열매를 얻는 비결입니다. 만약 아이가 어리다면 바로 아이를 투자에 참여시키기는 어렵겠죠. 그럴 때는 엄마가 아이의 계좌를 우선 운용해주세요.

"시간은 돈으로 살 수 없습니다"

하지만 아이가 지금 어리다고 해서 클 때까지 기다리면서 소중한 시간을 낭비할 필요가 없습니다. 아이가 크는 동안에는 아이가 커서 직접 주식투자를 할 수 있도록 대화를 통해서 기업을 보는 안목을 길러주면 됩니다. 투자를 위한 준비 과정도 아이에겐 그 무엇보다 좋은 투자입니다. 아이가 초등 고학년이 되면 직접 기업을 고르고, 주식거래를 해볼 수 있도록 기회를 주세요. 그간 엄마가 아이와 투자한 기업에 대해 많은 대화를 나눴다면 어렵지 않게 아이가 스스로 자산을 불릴 수 있습니다.

하지만 아이와 본격적인 투자를 하려면 엄마가 먼저 기업에 대한 관심을 가져야 하고, 미래의 변화에 눈을 떠야 하며, 실질적으로 투자자금을 마련하기 위해 지금보다 더 많은 절약을 해야 할 수도 있습니다. 내 노후 준비도 빠듯한데, 아이 몫까지 투자해주려면 지금보다 외식과 쇼핑과 여행을 더 줄여야 할 겁니다. 지금 당장은 힘들 수도 있습니다.

하지만 생각해보세요. 그 돈이 시간이 지난 후에 내가 지금 아낀 것 이상의 수익을 가져다줄 것이 불보듯 뻔하다면, 지금 당장 하지 않을 이유가 없습니다.

"아이에게 들어가는 불필요한 것을 줄여보세요"

아이와 함께 쓰는 돈 중에는 분명히 줄일 수 있는 것이 있습니다. 첫 번째가 학원비입니다. 사교육비를 줄여 아이의 미래를 위해 투자해준다면 확실한 아이의 버팀목이 되어줄 것입니다.

아이에게 비싼 옷을 사주거나 외식을 자주 한다면 그것을 일부를 줄여서 주식을 사주면 됩니다. 만약 때마다 여행을 가던 것을 조금이라도 줄인다면 추가로 생활비를 줄이지 않아도 얼마든지 주식 사줄 돈을 마련할 수 있습니다. 나의 씀씀이를 소비가 아닌 투자로 바꾼다면 우리 아이가 사회에 나갈 때는 우리 아이를 다른 출발선에 세울 수 있습니다.

"엄마가 먼저 자본가의 마인드를 장착하세요"

이미 아이가 컸다고 해도 늦지 않습니다. 투자하기에 가장 좋은 시기는 바로 '지금'입니다. 지금 시작하더라도 우리 아이는 부모보다 월등히 빠른 시기에 주식을 시작하는 것입니다. 아이와 함께 기업에 대한 대화를 시도해보세요.

이때 가장 중요한 것은 엄마의 투자 철학입니다. 엄마가 '장기투자자 마인드'를 제대로 장착해야 아이들의 투자도 성공할 수 있습니다. 장기투자자의 관점에서 3~5년은 짧은 시간입니다. 아무리 좋은 사업 모델과 기업지배구조를 가진 회사라고 해도 단기간에는 주가가 상승과 하락을 반복할 수밖에 없습니다. 짧아도 5년 그리고 10~20년을 기다리는 것이 장기투자입니다.

주식에 투자하는 것은 나무를 심는 것과 같습니다. 장기투자의 열매는 엄청납니다. 그리고 그 열매는 인내를 가진 투자자만이 얻을 수 있습니다. 아이가 어릴수록 장기로 투자할 가능성이 높겠죠. 하지만 엄마가 마켓타이밍을 잡으려 하고, 단기간에 돈을 벌려고 투자가 아닌 '투기'를 하려고 한다면 아이도 그걸 배울 수밖에 없고, 그 결과는 당연히 좋지 않을 것입니다.

엄마가 '자본가의 마인드'를 갖는 것도 중요합니다. 자본주의에서 우리는 누구나 자본가가 되고자 해야 합니다. 아이가 좋은 대학에 가서 좋은 직장에 들어가는 것을 목표로 키운다면 아이는 노동자가 될 수밖에 없습니다. 노동만이 아니라 내가 가진 자본에게도 일을 시켜야 합니다. 이렇게 되려면 어려서부터 돈에 '밝아야' 합니다.

직장에 다니더라도 주식투자를 하면 노동자이기도 하지만 회사를 소유한 자본가이기도 합니다. 내가 잠을 자거나 휴가를 떠나도 내가 투자한 회사의 직원들이 나의 부를 축적하기 위해 열심히 일할 겁니다. 아이에게 이런 삶을 살게 해줘야 합니다.

"Active Income, Passive Income"

　노동을 통해 벌어들이는 소득을 '액티브 인컴'이라고 하고, 투자를 통한 소득을 '패시브 인컴'이라고 합니다. 경제독립을 이루려면 반드시 이 두 가지 소득이 모두 필요합니다. 안타깝게도 한국에서는 패시브 인컴을 불로소득이라고 규정하고, 나쁜 것으로 치부합니다.

　하지만 사실 불로소득이 나쁜 것이 아니라 불로소득이 없는 것이 더 문제입니다. 노동만이 가치가 있다고 생각하는 사람도 있는데, 절대 그렇지 않습니다. 위험을 감수하고 내 돈이 가치 있는 회사에 투자돼 일하게 하는 것입니다. 육체적으로 일하는 것만이 일하는 게 아닙니다. 육체는 한계가 있습니다. 그러니 노동에만 의지한다면 육체로 일하지 못하게 되었을 때 가난해질 수밖에 없습니다.

유대인들은 "돈을 일하게 한다"는 개념을 이해했습니다. 그래서 어려서부터 아이들에게 금융교육을 하고 세계 금융시장의 중심에 섰습니다. 반대로 일본은 "자본소득은 정당하게 번 돈이 아니다"라는 생각을 하는 경향이 있습니다. 일본 경제가 계속 경쟁력을 잃어가는 이유가 바로 이러한 잘못된 생각에 있습니다.

불로소득은 떳떳하지 않은 것이라는 고정관념은 투자를 통한 부의 획득에 강한 거부감을 갖게 합니다. 이것이 금융문맹입니다. 우리 아이들을 금융문맹으로 키워서는 안 됩니다. 자본이 나를 위해 일하게 하는 것을 당연히 생각할 수 있도록 해야 합니다.

"지금 즉시 행동에 옮기세요"

부자가 된 사람들의 공통점은 즉시 행동에 옮긴다는 점입니다. 워런 버핏은 초등학생 시절 친구들이 사탕을 사 먹는 것을 보고 자기도 사탕을 사는 대신 사탕을 판매하는 기계를 설치했다고 합니다. 캔디의 달콤함보다 자신의 주머니로 돈이 들어오는 달콤함이 더 크다는 것을 안 것입니다.

세상을 넓게 보고, 남과 다른 생각을 하고 독특한 해법을 내놓을 수 있는 사람이 성공할 수 있습니다. 우리 아이들에게 남들과 다르게 생각할 수 있는 능력을 가르쳐주어야 합니다.

"아이와 기업을 관찰하고 '경제대화'를 시작하세요!"

◆ 이 글을 쓰고 있는 지금 저희 큰딸은 일곱 살입니다. 제가 만든 놀이경제 프로그램 '플레이코노미'의 최다 수강자이기도 합니다. 하지만 7세 아이에게 지금 당장 주식투자를 직접 하라고 할 수는 없습니다. 저는 마흔이 다 돼서야 이해한 주식시장을 7세 아이에게 이해시키는 것은 무리입니다. 다만 아이가 초등학교 고학년이 됐을 때 자신이 투자할 기업을 고르고, 직접 투자를 할 수 있도록 탄탄한 기반을 마련하고 있습니다.

핵심은 '경제대화'입니다. 아이와 기업에 대해 관찰하고, 기업이 돈을 벌기 위해서 어떤 전략을 쓰는지를 살펴본 뒤 그 내용에 대해서 대화합니다. 아이와 돈을 쓸 때 왜 우리는 여기에 돈을 쓰는지, 이 상점은 왜 우리를 돈을 쓸 수밖에 없도록 만드는지, 어떤 제품을 갖고 있고, 어떤 전략으로 손님들을 맞이하는지 이야기합니다.

처음에는 아이가 잘 가는 분식점, 편의점, 문구점 같은 곳으로 시작하지만 점차 큰 기업으로, 상장사로 이야기의 범위를 넓혀나갈 것입니다. 아이가 기업을 보는 눈이 생기면 직접 투자처를 고를 수 있도록 연습을 시켜나가는 것입니다.

아이가 투자에 눈을 뜰 동안 마냥 기다리면 아이의 자산이 늘어나는 시간을 버리게 됩니다. 그래서 아이의 계좌는 증여신고를 한 뒤 제가 운용합니다. 샀다 팔았다 하는 것이 아니라, 시간이 지나면 상승할 지수추종 ETF에 정기적으로 자동투자되도록 설정해놓고 들여다보지 않고 있습니다.

얼마 전에는 아이에게 '사업소득' 저금통을 만들어주었습니다. 용돈을 주고 소비, 저축, 투자, 기부 네 개의 저금통을 만들어 관리하도록 한 지 세 달 정도 된 이후부터는 사업소득 저금통을 만들어 실제로 자신의 가게를 열어보는 활동도 함께 진행하고 있습니다. 아이에게 사업소득 저금통을 만들어준 이유는 돈을 벌기 위함이 아니라 직접 사장님이 되어 전략을 짜고 제품을 구상하고, 가격을 책정하고, 고객을 맞이하는 과정이 투자할 만한 기업을 고르는 데 좋은 경험이 될 것이라고 확신하기 때문입니다.

그간 대화를 많이 시도했던 탓인지, 아이는 자신만의 가게를 연다고 하니 많은 아이디어를 쏟아냈습니다. 아이템 선정부터, 가게를 어디에 열 것인지, 어떤 가격에 제품을 사서 얼마에 팔 것인지, 이름은 무엇으로 지을 것인지, 어떻게 홍보할 것인지, 고객 사은품은 무엇을 주고, 간판을 어떻게 세울 것인지 등등을 함께 고민하고 대화하는 과정은 아이에게도 저에게도 정말 흥미로운 과정이었습니다.

아이는 처음에 팬케이크나 컵케이크 가게를 열고 싶다고 했지만 준비과정의 어려움, 경쟁자보다 낮은 제품 경쟁력, 제품의 보관과 이동과정의 번거로움 등을 함께 이야기한 끝에 아이템을 헤어밴드로 정했습니다. 그 과정에서 아이는 핼러윈이 있는 10월에 가게를 오픈할 것을 감안해 핼러윈 머리핀도 함께 팔았으면 좋겠다는 아이디어를 냈습니다. 또 친구들에게 일을 도와달라고 말한 뒤 인건비 지출을 계산하기도 했습니다. 그리고 구매한 손님들에게 핼러윈 컬러링 프린트를 주고 싶다며 챗GPT를 활용해 그림을 그리기도 했습니다.

아이가 즐거운 경험을 쌓는 동안 아이 계좌의 돈은 스스로 일을 해 자신을 키워 나갈 것입니다. 아이의 투자든, 경제교육이든 아이가 어릴 때부터 충분히 시작할 수 있습니다. 빠를수록 좋습니다.

**주식시장에서 개인투자자들의 성과는
그리 좋지 않다는데요.**

2020년에 정부와 금융투자업계가 지난 11년간 데이터를 바탕으로 조사한 결과에 따르면 개인투자자 10명 중 4명이 매년 주식투자로 손실을 입은 것으로 나타났습니다. 조사 당시인 2020년에는 코로나19 팬데믹 사태로 시중에 돈이 많이 풀리면서 글로벌 주요 지수가 상승하던 시기였는데도, 이러한 결과가 나왔습니다.

이런 조사들은 아직 주식투자를 하지 않던 사람들이 주식투자를 시도하기 더 어려운 상황으로 이끄는 것 같습니다. 개인투자자들이 이렇게 주식시장에서 성과를 내지 못하는 이유는 뭘까요?

A 주식투자를 하는 사람이라면 내가 사고 나서 주가가 떨어지거나 내가 팔고 나서 주가가 올라서 일찍 판 것을 후회한 적이 있을 겁니다. 그 이유는 주식투자를 잘못하고 있기 때문입니다. 주식투자를 단기간에 돈을 벌려는 목적으로 여기는 것이 가장 잘못된 생각입니다. 장기적으로 주식이 우상향한다는 것을 믿는다면 단기적인 조정으로 실망할 일은 없을 것입니다. 장기적으로 우상향을 믿는 사람들 입장에서는 가격이 조정되는 것은 오히려 좀 더 주식을 싸게 살 수 있는 기회죠.

"시간만이 시장을 이길 수 있습니다"

또 하나 잘못하는 것은 앞서 강조했던 대로 주식을 여유자금으로 하지 않는 경우입니다. 여윳돈은 오늘 아낀 돈, 오늘 쓰려고 했던 돈입니다. 만약 오늘 쓰려고 했던 돈을 투자했다면 몇 퍼센트 손실을 보더라도 전혀 문제가 되지 않을 것입니다. 그 돈을 써버렸다면 더 이상 내 손에는 없는 돈이지만, 주식을 갖고 있으면 손실이 나더라도 0보다는 많은 금액일 것입니다. 그러니 언제든 다시 상승할 가능성도 있습니다. 그런데 여윳돈으로 하지 않았다면 돈이 필요할 때 주식을 다시 매도해야 하기 때문에 손실을 볼 수 있습니다. 장기 투자하면 오를 수 있는 주식도 돈이 필요한 시점에 마이너스 상태에서 팔면 손실을 볼 수밖에 없죠.

"좋은 주식을 골랐다면 주식은 장기적으로 오릅니다"

"누군가 좋다고 해서 가입했는데 한 달 만에 10%나 하락했어요. 지금이라도 팔아야 하나요?"

어떤 분이 저에게 이런 질문을 하면 참 난감합니다. 주가는 단기간에는 오르내리기를 반복하지만, 장기적으로 오를 수밖에 없습니다. 물론 좋은 기업을 골랐다는 전제하에 말입니다. 주식가격은 기업의 가치를 바탕으로 하기 때문입니다. 기업은 열심히 일해 이윤을 남김으로써 성장해갑니다. 기업이 성장하는 속도와 함께 열매를 거둬들이려면 주식도 오래 가지고 있어야 합니다. 우리는 투자자로서, 동업자로서 기업을 기다려줘야 합니다. 우리 아이가 어른이 될 때까지 아이의 성장속도에 맞게 기다려주듯, 아이의 동업자를 선택했으니 기다려주면 됩니다.

"모든 투자에는 리스크가 있습니다"

원금손실에 대해 큰 위험이라고 생각하는 사람들이 많은데, 어떤 투자든 리스크가 있습니다. 하지만 그 리스크에 따른 보상이 있죠. 리스크가 클수록 얻을 수 있는 보상은 큽니다. 아이들이 성인이 된 이후에 투자금을 찾는다고 한다면 긴 시간 동안 내가 돈을 묶어둠으로써 변동성에 대한 리스크를 감수했기 때문에 보상이 클 수밖에 없습니다.

단기적으로 특정 시점에는 내가 산 가격보다 주가가 떨어질 수도 있습니다. 하지만 투자 기간을 길게 가져간다면 리스크를 줄일 수 있습니다. 단기간에는 주가가 변동하기 때문에 10만 원짜리 주식이 7만 원이 됐다고 실망할 수 있지만, 10만 원짜리 주식이 먼 훗날 시간이 지나서 100만 원이 됐다고 생각해보세요. 그렇다면 10만 원이 7만 원이 되든 5만 원이 되든 걱정할 필요가 전혀 없습니다.

손해에 대한 두려움으로 변화를 시도조차 하지 않는 사람들이 있습니다. 원금손실이 두려워 주식투자를 하지 않는다는 것은, 마치 번개를 맞을 것이 두려워 집에만 있는 것과 다를 바가 없어요. 자본주의 사회에서는 노동과 자본이 같이 일해야 합니다.

장기로 보유해야 하는 또 한 가지 이유는 주가가 복리로 움직이기 때문입니다. 우리 아이들에게 빨리 주식을 사주라는 이유도 바로 이 이유입니다. 복리의 효과를 극대화하기 위해 중요한 요소는 바로 시간입니다. 꾸준하게 투자했다면 시간이 길수록 효과가 크죠.

단리는 원금에 더해서 이자만 계산하고 복리는 이미 발생한 이자를 원금에 더해서 이자를 계산한다는 차이가 있습니다.

예를 들어 1,000만 원을 연 10%로 3년간 예금한다고 가정해보죠. 조건이 단리라면 1,000만 원 × 10%를 세 번 더한 것이 총 이자가 됩니다.

그런데 조건이 복리라면 두 번째 해부터 원금이 달라집니다. 첫해에는 1,000만 원 × 10%로 이자가 100만 원이 되죠. 두 번째 해에는 그 이자를 원금에 더해 1,100만 원 × 10%로 이자가 110만 원입니다. 세 번째 해에는 그 이자를 직전 원리금에 또 더해 1,210만 원 × 10%로 이자가 121만 원이 됩니다. 30년 후라면 엄청난 차이를 만들어내죠.

"복리가 마법을 부리도록 기다려주세요"

그래서 복리를 '마법'이라고 부릅니다. 아인슈타인은 복리를 인간이 만들어낸 가장 훌륭한 발명이라고 했습니다. 주가는 복리로 움직입니다. 1만 원짜리 주식을 샀다고 해보세요. 첫째 날 주가가 10% 오르면 11,000원이죠, 둘째 날 기준가는 10,000원이 아니라 11,000원입니다. 이날도 10%가 올랐다면 12,100원이 됩니다. 즉, 수익이 계속해서 재투자된다는 뜻입니다.

물론 하락할 때도 복리로 움직입니다. 매일 지켜보면 올라갔다 내려가길 반복하지만, 오랜 시간 지켜보면 상승합니다. 그러므로 주식투자를 통해 복리의 마법을 누리려면 가능한 한 장기로 투자해야 합니다.

워런 버핏은 이렇게 말했습니다.

"어떤 주식을 10년 동안 소유하지 않을 생각이라면 단 10분도 가질 생각을 하지 말라."

세계적으로 유명한 투자자들이라고 해서 우리가 모르는 특별한 시장에 투자하는 것은 아닙니다. 10년 동안 보유할 만한 주식을 골라서 꾸준히 모으는 것이 답입니다. 주식투자의 유일한 목표는 엄마들에게는 노후 준비, 우리 아이들에게는 사회에 나올 탄탄한 기반을 마련하는 것이지요.

주식시장의 변동성은 우리가 조절할 수 있는 것이 아니니 시간을 믿고 기다리면 성과가 나옵니다.

**기관이나 외국인들과 비교해
개인투자자들에게도 승산이 있는 시장인가요?**

국내 증시의 주요 수급 주체는 외국인, 기관, 개인입니다. 2024년 12월 말 기준으로, 외국인 투자자들은 국내 상장주식 약 673.7조 원을 보유하여 전체 시가총액의 27%를 차지하고 있습니다. 지난 2020년 코로나 기간에는 외국인 비중이 38%까지 치솟기도 했습니다. 국내 증시는 외국인이나 기관의 비중이 크다 보니 이들이 자금을 어떻게 움직이느냐에 따라서 증시 전체가 크게 흔들리기도 합니다.

그런데 이들 사이에서 개인의 움직임은 크게 시장을 주도하지는 못하는 것 같습니다. 외국인이나 기관 모두 대부분 금융지식이 풍부한 사람들인데, 개인이 이 시장에 뛰어들어도 승산이 있는 게임일까요?

A 사람들은 흔히 기관의 움직임을 만드는 펀드매니저들이 개인보다 정보를 많이 갖고 있어서 주식투자를 하는 데 유리할 것이라는 편견을 갖고 있습니다. 하지만 절대 그렇지 않습니다. 펀드매니저들도 어떤 주식을 살 것인가를 결정하기 위해 우리와 똑같은 고민을 합니다. 요즘 세상에는 정보가 너무 많아서 문제이지, 부족해서 문제가 되지는 않습니다. 정보의 유무보다는 좋은 투자철학을 갖고 있느냐가 훨씬 중요합니다. 훌륭한 펀드매니저와 개인투자자와의 가장 큰 차이는 펀드매니저는 주로 장기투자를 하고 기업의 가치를 보고 투자결정을 하지만, 개인투자자들은 주로 단기간의 정보에 주로 의존하고 단기투자를 한다는 것입니다.

"주식은 훈련입니다"

주식은 전문가가 따로 있는 게 아니라 훈련의 문제입니다. 누구나 전문가가 될 수 있어요. 단지 주변 사람들과 다른 생각을 할 수 있는 용기, 오래 투자할 수 있는 굳은 심지, 주식의 변동성에도 크게 걱정하지 않을 수 있는 철학이 중요해요.

일례로 증권사 리서치센터에서 내놓는 리포트를 보면 특정 종목이나 특정 사안에 대해서도 그 산업을 담당하는 애널리스트들의 시각이 다르다는 것을 자주 발견할 수 있습니다. 같은 정보를 두고 해석하는 사람에 따라 의견이 다를 수 있다는 것입니다. 누군가가 특정 사안에 대해서 정보를 잘못 해석했을 수도 있고, 일반사람과 다른 시각으로 사안을 파악할 수도 있죠.

한 사안에 대해 증권사 애널리스트들이 자신만의 철학으로 분석을 달리하듯, 개인투자자들도 자신만의 철학으로 해석을 하는 것은 어렵지 않습니다. 그러니 증권사의 리포트는 현재의 트렌드와 흐름을 알 수 있는 도구로 활용하고, 투자 판단은 스스로 해야 합니다.

"오히려 개인투자자가 유리할 수도 있습니다"

한국의 투자문화에서 기관에 속해 있는 펀드매니저들은 개인투자자만큼 장기투자하기가 쉽지 않습니다. 이들은 매달 또는 분기별, 길게는 1년간의 수익률을 고객 또는 상사에게 공개해야 합니다. 자신을 평가하는 기준이 장기가 아닌 단기투자 성과인 것이죠. 그러니 시장이 빠지면 급하게 자금을 회수하곤 합니다. 하지만 개인투자자들은 여윳돈으로 투자한다면 장기적으로 투자할 수 있으니, 시간면에서 월등히 유리합니다.

제가 다니던 스커더는 단기 수익률로 성과를 평가하지 않았습니다. 보너스도 3년의 수익률을 기준으로 판단했습니다. 따라서 장기적으로 높은 수익률을 거둘 수 있었고, 저도 그곳에서 지금 여러분께 전수해드리는 투자 철학을 제대로 배울 수 있었습니다.

그때 있었던 일을 말씀드려 보겠습니다.

스커더에서 코리아펀드를 운용하던 시절, 포항제철(현 POSCO)의 주식을 상당량 매수한 적이 있었습니다. 당시 우리나라 철강산업이 급속도로 발전하고 있었고, 포항제철이 철강업종에서 국내 1위 기업이어서 펀더멘털이 아주 좋았습니다.

그런데 예기치 못한 사태가 터졌습니다. 1989년 한국산 철강 제품에 대한 미국의 보호장벽으로 포항제철 수출길에 문제가 생긴겁니다. 당시 포항제철에 투자했던 대부분 기관 투자자들은 주식을 팔았습니다. 저도 고민했습니다. 당장 매도해도 수익을 올릴 수는 있지만, 계산했던 기업의 적정가치에는 미치지 못했기 때문입니다. 그래서 저는 당시 스커더 인베스트먼트의 철강 애널리스트에게 자문을 구했습니다. 그 애널리스트는 명쾌한 답을 내려줬습니다.

"포항제철의 원가구조는 전 세계 철강 회사 중 가장 월등합니다. 모든 철강회사들이 망해도 포항제철은 살아남을 것입니다. 그러니 팔 이유가 없습니다."

저도 다시 포항제철의 펀더멘털에 대한 재평가를 했습니다. 여전히 세계에서 철강을 가장 싸게 만드는 회사였고, 설비투자도 가장 현대적이었습니다. 한국의 자동차와 조선업 활황으로 꾸준히  수요가 창출되고 있는 데다 무서운 속도로 발전하고 있는 중국의 수요도 폭발적으로 늘어날 것이 확실해 보였습니다.

기업가치에 비하면 주가는 턱없이 낮았습니다. 아무리 봐도 포항제철은 탁월한 경쟁력을 갖추고 있었습니다. 반 덤핑 이슈로 주가가 일시적으로 흔들리는 것은 전혀 문제가 없다는 결론에 이르렀습니다. 저는 오히려 저평가된 주식을 공격적으로 추가 매수했고, 15년간 보유했습니다. 수익률은 얼마나 됐을까요?

1991년 1월 3일 포항제철 주가는 3,000원이었지만, 2005년에는 20만 2,000원으로 67배가 뛰었고, 2년 뒤 76만 5,000원을 기록했습니다.

"시장을 보지 말고 기업을 봐야 합니다'

이 사례로 말하고 싶은 것은 하나입니다. 시장을 보지 말고 기업을 봐야 합니다. 기업의 펀더멘털이 여전히 좋으면, 자신이 투자한 기업이 여전히 돈을 잘 벌고 있다면 주가가 떨어져도 걱정할 필요가 없습니다. 오히려 매수 기회입니다.

그런데 기관들은 앞서 언급한 이유 때문에 시장을 보지 않을 수 없습니다. 외국인도 외국 금융기관이 대부분이기 때문에 상황이 비슷합니다. 기관이나 외국인들이 시장의 변동성에 자금을 회수할 때 개인들은 전혀 흔들림 없이 자신의 투자를 이어갈 수 있습니다. 앞서 언급했던 좋은 기업을 선택해 여윳돈으로 투자를 했다면 말입니다. 기업의 펀더멘털에 문제가 없다면 오히려 기관이나 외국인들이 시장의 변동에 흔들려 주식을 팔아 주가가 싸질 때 오히려 주식을 사들여야 합니다. 특히 아이들을 위한 투자는 20년 혹은 30년 장기로 할 수 있으니, 이 원칙만 철저히 지킨다면 기관이나 외국인을 두려워할 필요가 없습니다.

주식투자는 정보의 싸움이 아니라 참을성과 철학의 싸움, 즉 누가 더 오랜 기간 투자하는가에 따라 결과가 달라집니다.

소액으로도 회사의 주인이 될 수 있나요?

국내 증시가 과거와 달리 성숙해지고 있습니다. 과거에는 주주총회에서 소액주주의 의견이 무시되고 최대주주를 위한 결정이 많이 내려졌다면, 최근에는 적은 의결권을 가지고도 소액주주들끼리 뭉쳐 회사의 결정을 바꾸는 일도 잦습니다.

실제로 한국ESG기준원에 따르면 지난 2023년 주총에서 주주제안이 진행된 기업은 50개사, 주주안건은 195개로 집계됐습니다. 지난 2021년에 비해 각각 41%, 26% 증가했습니다. 주주제안 가결율을 봐도 이사해임, 감사선임 같은 주요 안건들이 주주제안으로 진행된 경우가 많습니다.

하지만 투자 자금이 적은 경우에는 이렇게 의견을 제시할 수 있는 창구가 좁은 것이 사실입니다. 학교에서는 주주는 '회사의 주인'이라고 가르치지만, 투자 규모가 작은 경우 그 회사의 주인이라고 아이에게 가르치는 것이 현실적으로 틀린 말은 아닌지 의문이 듭니다.

A 주식회사의 가장 큰 매력은 소유권을 분산해서 기업을 가질 수 있는 것입니다. 저는 인간이 발명한 가장 위대한 업적 중 하나가 바로 주식회사 제도라고 생각합니다. 만약 우리 아이들이 커서 사업을 하려고 할 때, 그 사업 아이디어가 좋다면 큰 자금이 없어도 투자자를 모집해서 주식회사를 설립할 수 있어요.

설립자금에 얼마나 기여를 했느냐에 따라서 설립자금의 비중만큼 회사의 소유권을 가질 수 있고, 수익도 소유의 비율대로 나누는 방식입니다. 이게 바로 자본주의의 핵심입니다. 여러 사람의 자본이 모이면 훨씬 큰 시너지를 낼 수 있기 때문이죠.

"경영권 분쟁이 벌어지면 소액주주의 힘이 세집니다"

우리가 갖고 있는 주식이 소액이면 회사의 중요한 의사결정 과정에 큰 영향을 미치지 못할 수도 있습니다. 회사 소유권의 비중이 가장 큰 사람에게 가장 많은 의결권[2]이 주어지기 때문이죠. 그런 사람들을 대주주라고 합니다. 기업을 처음 설립한 사람일 수도 있고, 기업에 투자를 가장 많이 한 기관일 수도 있습니다.

하지만 우리 같은 소액주주의 의결권이 빛을 발하는 때가 있습니다. 바

---

2 **의결권** voting right 어떤 집단의 결의에 참가하여 의사를 표명할 수 있는 권리

로 경영권 분쟁이 벌어질 때죠. 우리 주식시장에서도 경영권 분쟁이 벌어질 때가 많습니다.

만약 A라는 대주주가 주식을 48% 갖고 있고, B라는 2대 주주가 주식을 47% 갖고 있다고 할 때, 나머지 5%의 주식은 아주 중요합니다. 두 사람의 의견이 다른 어떠 사안을 두고 주주총회에서 표 대결을 하려고 할 때 소액주주 5%의 의견이 어느 쪽을 향하느냐에 따라서 결과가 크게 달라질 수 있습니다.

A와 B는 5%의 소액주주에게 자기 편을 들어달라고 엄청나게 사정을 합니다. 주주들을 따라다니면서 의결권을 위임해달라고 하기도 합니다. 대주주들이 직접 소액주주들을 따라다니면서 의결권을 위임해달라고 할 수 없으니 의결권 위임 업체들도 많이 생겼어요. 그만큼 경영권 분쟁이 늘어났고, 소액주주의 힘이 커지고 있다는 방증입니다.

특히 요즘은 행동주의 펀드의 움직임이 강화되고 있습니다. 행동주의 펀드들은 대주주만큼 지분을 많이 갖고 있지 않으면서도 회사의 중요한 사안을 바꾸기도 합니다. 단 1%의 지분만으로도 회사가 주주들의 이익에 반하는 행동을 하면 언제든지 이의를 제기할 수 있습니다.

최근에는 회사의 잘못으로 피해를 입었을 경우 진행되는 집단소송[3]도 늘어나고 있습니다. 우리 아이들도 어떤 회사의 주식을 갖고 있다면 그 회사의 경영진들이 사업을 잘하는지 못하는지 감시할 수 있고, 주주의 이익에 반하는 행동을 한다면 당당하게 바꾸라고 주장할 수 있어요. 그 의견이 최종적으로 받아들여지지 않더라도 아이들과 자신이 주식을 소유한 기업

---

3 **집단소송** class action 기업 제품이나 서비스의 하자로 유사한 피해를 본 사람이 여럿 있을 때 일부 피해자가 전체를 대표해 제기하는 소송

에 대해서 경영진의 판단이 잘됐는지, 잘못됐는지 판단하는 토론을 하는 것은 정말 바람직한 일입니다. 그럴 일은 드물겠지만, 주식을 다 잃는다 해도 어디서도 살 수 없는 값진 경험이 아닐까요?

"사업을 하는 대신 기업을 소유하세요"

그런데 더 좋은 게 있어요.

소액주주가 해야 할 일은 주식을 사는 것, 즉 일정한 돈을 투자하는 것 외에는 해야 할 일이 없다는 것입니다. 단 한 주만 있어도 주주명부는 물론 이사회 회의록 같은 것을 열람할 수 있어요. 가장 중요한 건 배당금을 받을 수도 있다는 것이죠. 최악의 경우 회사가 망한다고 해도, 자신이 투자한 금액만 손실 보는 정도에서 그칩니다.

하지만 여러분의 아이들이 주주로 남지 않고 직접 사업을 한다고 가정해보세요. 얼마나 많은 일을 해야 할지 상상도 할 수 없습니다. 사업자 등록을 하고, 영업장소도 물색해야 하고, 영업점을 열어서 계속 일해야 합니다. 사업자금이 부족할 경우 집을 담보로 대출을 받아야 할 수도 있고, 지인들한테 돈을 빌려야 할 수도 있습니다. 사업을 시작해서 이익을 창출하기 전까지는 결과가 불확실한 투자를 해야 합니다.

사업이 잘되다가도 거래처가 잘못돼 부도라도 나면 회사는 물론이고 집안이 휘청거리죠. 자신이 직접 사업을 하면 사업이 잘못될 경우 끝까지 책임을 져야 합니다. 주식투자를 하면 회사의 사업이 잘되지 않거나 이익이 낮다고 생각되면 주식을 팔아버리고 다른 기업에 투자하면 돼요. 얼마나 좋습니까? 이사나 직원이 제대로 일하지 않았다고 판단되면 이들이 책임을 지도록 경영진에게 요구할 수도 있습니다.

경영진이 일을 잘한다고 판단되면 더 많은 주식을 사서 지분을 늘리거나, 아예 회사를 인수해서 운영해볼 수도 있습니다. 이렇게 매력적인 제도가 또 있을까요?

저는 인간이 부의 축적을 위해 만든 최고의 발명품이 주식이라고 생각합니다. 소유 주식이 많지 않더라도 얻을 수 있는 이익이 많으니 하지 않을 이유가 없습니다.

"창업자를 회사에서 쫓아낸 행동주의 펀드"

◆ 최근 지분율이 높지 않아도 회사의 잘못된 경영을 지적하며 바로 잡으라는 목소리를 내는 '행동주의 펀드'의 움직임이 활발해지기 시작했습니다. 이들은 단 1%의 지분을 갖고도 회사의 거대한 변화의 물결을 만들어냅니다.

몇 년 전 엔터테인먼트 상장회사인 에스엠에서 창업자인 이수만 프로듀서가 보유하던 지분을 모두 팔고 경영에 손을 뗀 일이 있었습니다. 무소불위의 힘을 휘두르던 창업자의 횡포를 중단시킨 곳은 바로 '얼라인파트너스'라는 신생 자산운용사였습니다. 이 자산운용사는 에스엠 지분을 약 1%만 갖고 있었지만 에스엠에서 벌어들인 많은 돈이 이수만 프로듀서의 개인 회사에 흘러 들어가는 것을 발견하고 이 점을 지적해 다른 주주들의 지지를 얻었습니다.

2022년 3월 17일 한국경제TV 보도

　자신들에게 유리한 쪽으로 안건을 처리하기 위해 얼라인파트너스와 에스엠은 소액주주들에게 서로 자신의 편에 서달라고 호소했습니다. 의결권을 서로에게 위임해달라고 요청하는 과정에서 다급한 에스엠이 주주들의 집을 예고 없이 방문하면서 불편한 상황들이 생겨나기도 했습니다.

> [단독] "SM 때문에 이혼당하게 생겼다" … 황당한 주주들

　당시 저는 이 사건을 처음으로 보도했습니다. 에스엠이 무작정 주주들을 찾아가 의결권을 위임해달라고 하는 과정에서 아내 몰래 주식에 투자한 주주는 들통이 나 이혼당할 지경에 이르렀다며 호소하기도 했습니다.

　당시 이수만 총괄 프로듀서의 지분율은 19%를 넘어섰습니다. 그런데 지분율

1%의 얼라인파트너스가 어떻게 승기를 잡을 수 있었을까요? 이유는 대주주의 지분율은 3%만 인정하는 '3% 룰' 때문입니다. 3% 룰은 감사위원 선임 등의 주요 의사결정에서 대주주는 3%만 의결권을 행사할 수 있도록 하는 규정입니다. 얼라인파트너스는 뜻을 같이하는 여타 기관의 의결권을 더해 3% 이상 아군을 모았고, 소액주주도 동참하면서 회사의 주요 문서를 열람할 수 있는 '감사위원' 자리에 주주 제안 인사를 앉히는 데 성공했습니다. 이후 이수만 총괄프로듀서는 자신의 지분 모두를 카카오에 팔면서 이수만의 에스엠 왕국은 무너졌습니다.

하루
1만 원씩
S&P500부터

지금 당장
펀드부터 시작하기

Q1 증여신고는 언제 어떻게 하나요?

주식에 대해 두려움이 조금 사라졌다면 본격적으로 아이 계좌 운용 방법에 대해 다뤄보려 합니다. 아이의 계좌를 부모가 운용해주기 위해서는 가장 먼저 해야 할 것이 있습니다. 바로 증여신고입니다. 국세청에 따르면 미성년자 증여 건수는 지난 2023년 1만 3,637건으로 지난 2019년에 비해 44%가량 늘었습니다. 이유는 아이가 어릴 때 증여를 하는 것이 아이가 성인이 된 후에 재산을 주는 것보다 절세 효과가 높기 때문입니다.

우리는 앞으로 아이의 계좌에 좋은 기업의 주식을 사서 20년 이상 투자해 큰돈을 만드는 것이 목표이기 때문에 자금의 출처를 명확히 해두면 아이가 나중에 불어난 돈을 운용할 때 불편한 상황을 만들지 않을 수 있습니다. 그렇다면 증여신고는 언제 어떻게 하는 것이 좋을까요?

A 미성년자 아이들은 수입이 없기 때문에 아이 계좌로 주식투자를 하려면 부모님으로부터 일정 금액을 증여받아야 합니다. 증여를 받으면 원래 수증자, 즉 아이가 세금을 내야 하지만 정부에서는 부모가 미리 증여 신고를 할 경우 세금을 면제해주고 있습니다. 미성년자 자녀에 대해서는 10년간 2,000만 원 증여분에 대해 면세혜택을 줍니다. 아이가 성인이 되는 스무 살까지 총 4,000만 원 증여에 대해서는 세금을 내지 않습니다.

하지만 따져봐야 할 것은 아이가 성인이 될 때까지 4,000만 원을 면제해주는 것이 아니라 10년 내 2,000만 원 증여분에 한해 두 차례 세금을 면제해주는 것입니다. 예를 들어 아이가 태어나자마자 증여신고를 하고 면제를 받았을 경우, 아이가 10세가 되면 또 한 번 세금 면제를 받고 추가로 2,000만 원을 증여해줄 수 있습니다. 하지만 만약 아이가 8세가 된 해에 때 첫 증여를 했다면 그다음 면세혜택을 받는 것은 10년 뒤인 아이가 18세가 되는 해입니다. 그래서 투자와 세금에 대한 지식이 있으신 분들은 대부분 아이가 태어나자마자 증여를 합니다.

"투자의 시작은 어릴수록 좋습니다"

그런데 이 정책은 지난 2000년에 개편된 이후 바뀌지 않아서 물가상승이나 떨어지는 화폐가치를 반영하지 못한다는 지적이 있어 왔습니다. 때문에 2024년에 이 금액이 상향조정됐습니다. 아이 주식계좌 운용과 관련해 주목할 부분은 앞서 언급한 내용 외에도 태어난 지 2년 내 아이에게 증여할 경우 1억 원까지 증여세 면제가 된다는 점입니다. 그러니까 기존에 10년간 2,000만 원에 2024년 추가된 출산공제 1억 원을 더해 아이가 태어난 후 1억 2,000만 원까지 증여세를 내지 않아도 됩니다.

자산가들은 아이가 태어나자마자 세금 공제한도인 2천만 원을 넘어서는 돈을 증여해주기도 합니다. 투자는 일찍 시작할수록 유리하다는 것을 이미 인식하고 있기 때문입니다. 증여세율은 고액을 증여할수록 높아집니다. 1억 원 이하 증여분에 대해서는 10%를 적용했지만, 2024년 개정안에서 2억 원 이하 10%로 조정됐습니다. 이 돈이 10년 뒤 얼마나 불어나 있을지 모르지만, 이미 증여신고가 된 금액으로 운용을 시작해 돈이 불어날 경우에도 가치 상승분에 대해서 세금을 부과하지 않습니다.

상속·증여세율 및 과세표준 조정 (2024년)

	현행		개정안	
과세표준 및 세율	1억 원 이하	10%	2억 원 이하	10%
	5억 원 이하	20%	5억 원 이하	20%
	10억 원 이하	30%	10억 원 이하	30%
	30억 원 이하	40%	10억 원 초과	40%
	30억 원 초과	50%		

증여신고는 최초 입금일로부터 3개월 내에 하면 됩니다. 관할 국세청이나 온라인 국세청 '홈택스'에서도 신고할 수 있습니다. 필요서류는 증여자와 수증자의 통장사본, 돈이 거래된 내용을 증명할 수 있는 거래내역, 가족관계 증명서 등입니다.

아이에게 목돈을 주기 어려운 경우에 '유기정기금 증여' 제도도 활용할 수 있습니다. 유기정기금 증여는 증여계약을 체결한 후 기한을 정해놓고 아이에게 매달 증여하고 세금 혜택을 받는 방법입니다. 매달 증여신고를 해야 하는 번거로움 없이 절세효과를 기대할 수 있습니다.

특히 이 금액은 연 3%씩 복리가 적용됩니다. 예를 들어 미성년 자녀에게 10년간 매월 18만 9,000원씩 증여하면 총 2,268만 원을 증여한 것이지만, 할인율 3%가 적용돼 증여재산 가액이 1,993만 원으로 책정됩니다. 세금공제한도인 10년간 2,000만 원 내의 금액이기 때문에 세금을 내지 않아도 됩니다.

일반증여-정기금 증여 세액 비교 (미성년자 자녀 증여 시)		
월 18만 9,000원씩 10년간 증여 시		2,268만 원 일시 증여 시
1,993만 원	증여재산가액	2,268만 원
2,000만 원	증여재산 공제	2,000만 원
0원	증여세	26만 원

어떤 방법이든 아이의 계좌를 운용하기 위해서 가장 우선돼야 할 것은 증여신고입니다. 투자는 빠를수록 좋으니 아이가 태어나자마자 증여신고 후 투자를 시작하는 것이 가장 바람직합니다.

어디에 계좌를 만들어야 하나요?

이제부터 본격적으로 투자를 해볼 단계입니다. 투자를 하려면 먼저 계좌를 만들어야 하겠죠. 펀드에 투자하려면 금융기관을 통해서 해야 하는데 펀드는 은행, 증권사, 자산운용사 같은 금융기관에서 모두 가입할 수 있습니다. 그런데 계좌를 어디서 만들어야 유리할지 고민이신 분들이 많습니다. 특히 아이들을 위해 10년이 넘는 기간동안 투자해야 하기 때문에 계좌선택이 중요합니다.

최근의 자금이동 양상을 참고해보면 도움이 됩니다. 최근 개인연금 자금이 증권사로 이동하고 있습니다. 국내 상위 5개 증권사의 개인연금 적립금은 매년 증가해 지난 2023년 말 기준 20조 원을 넘어섰습니다. 개인연금 자금이 보험이나 은행에서 증권사로 이전되고 있는 겁니다. 우리 아이들의 자금도 최근의 자금이동의 흐름에 맞춰 증권사에서 만드는 것이 유리할까요?

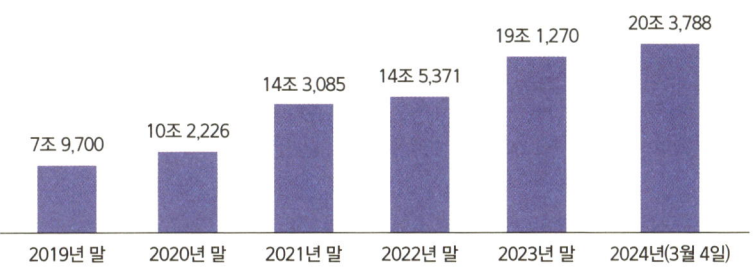

5대 증권사 개인연금 적립금 (단위: 억 원)

2019년 말	2020년 말	2021년 말	2022년 말	2023년 말	2024년(3월 4일)
7조 9,700	10조 2,226	14조 3,085	14조 5,371	19조 1,270	20조 3,788

출처: 미래에셋증권, 삼성증권, 한국투자증권, NH투자증권, KB투자증권

A 펀드투자는 다양한 금융기관에서 할 수 있지만, 향후에 개별주식 거래까지 하려면 기본적으로 증권사에 계좌를 만들어두는 것이 좋습니다. 아마 은행통장이 없으신 분들은 안 계시겠죠? 통장을 만든다고 바로 거래가 되는 것이 아니듯 증권사 계좌를 만든다고 바로 투자가 되는 것은 아닙니다. 계좌를 만든 후에 적절한 투자처를 골라 주식을 사야 투자가 시작되는 것입니다.

은행계좌를 만들 때 어디서 만드셨나요? 우리 집에 가까운 곳, 또는 회사와 연계된 은행 등 내가 거래하기 편한 곳에 계좌를 만드셨죠. 증권사 계좌도 그렇게 만들면 됩니다. 증권사 계좌는 과거와는 달리 증권사 지점을 방문할 필요가 없습니다. 온라인으로 가입할 수 있습니다.

"매일매일 거래하기 쉬운 증권사에 계좌를 만드세요"

요즘에는 아이들의 계좌도 비대면으로 만들 수 있습니다. 특히 비대면으로 계좌를 여는 경우에는 거래 수수료가 줄어드니 장기적으로 유리합니다. 증권사마다 고객을 끌어들이기 위해 처음으로 계좌를 여는 고객에게 혜택을 주는 이벤트를 진행하는 곳이 많습니다. 이왕이면 평생 거래 수수료를 내세운 곳에 가입하면 평생 동안 주식거래 수수료를 안 낼 수 있겠죠.

부모 자신의 계좌를 만들려면 신분증만 있으면 되지만, 아이들 계좌를 만들려면 가족관계증명서와 기본증명서도 필요합니다.

그리고 이 책을 보고 투자를 시작한 이상 앞으로는 모바일에서 쇼핑을 하듯, 밥 먹듯 주식투자를 하게 될 테니 모바일 앱도 보기 좋게 만들어놓은 곳을 선택하는 것도 괜찮은 선택입니다. 특히 ETF든 개별종목이든 기업의 재무 정보, 구성종목, 증권사 리포트까지 정보를 한눈에 보기 좋게 제공하는 증권사가 있다면 금상첨화겠지요.

"미성년자는 비대면으로 은행 펀드에 가입할 수 없어요"

물론 은행에서도 펀드를 가입할 수 있습니다. 하지만 절차가 복잡합니다. 원래 은행은 안전한 금융기관이라는 인식이 있었어요. 하지만 몇 년 전 '펀드 불완전 판매' 논란이 있었습니다. 금융지식이 없는 사람들한테 어려운 구조의 금융상품을 팔아 투자자들이 큰 손실을 입었습니다. 투자자들은 제대로 알지도 못하고 가입했고, 은행 직원들도 제대로 설명하지 않은 부분이 있어서 정부가 은행에 손실을 보상해주라고 지시한 사례가 있습니다.

투자는 손실의 위험이 있고, 손실은 투자자가 감수해야 하죠. 금융 소비자들이 스스로 금융문맹에서 벗어나려는 노력이 필요하고 제대로 이해하지 못한 투자는 하지 않아야 합니다.

어쨌든 그 사건 이후 은행 펀드 가입절차는 아주 복잡해졌어요. 특히 미성년자는 은행 앱으로는 펀드에 가입할 수 없습니다. 여러 가지 서류를 들고 은행 창구에 직접 가서 가입해야 합니다. 요즘에 은행에 가보신 적이 있으신가요? 업무를 보려면 꽤나 긴 대기를 해야 하고, 펀드 하나를 가입하는 데 거의 한 시간씩 필요합니다. 각종 서류를 작성하는 것은 물론이고, 설명을 듣고 이해했다는 서명을 여러 번 해야 해요. 또 펀드의 손실 위험에 대해 설명을 들었다는 것을 녹음까지 해야 합니다. 펀드를 환매할 때도 미성년자의 경우에는 양쪽 부모의 동의가 모두 필요합니다.

"증권사 앱을 활용하세요"

반면에 증권사 앱에서는 펀드를 사고파는 절차가 아주 간단합니다. 처음에 앱에 가입만 해두면 증권사 직원 등 그 누구의 관여 없이 버튼 하나로 사고팔 수 있습니다. 아이들의 계좌라면 부모가, 또는 아이들이 어느 정도 큰 이후에 아이 스스로 모든 것을 선택하고 결정합니다. 투자는 다른 사람의 말을 듣고 하는 것이 아니라 스스로 결정한 것인 만큼 불필요한 절차를 위해 시간을 쓰지 않아도 됩니다.

증권사 앱에서 거래할 경우에는 수수료 면에서도 유리합니다. 은행은 자산운용사의 상품을 판매해주는 곳이에요. 당연히 판매 수수료를 부과합니다. 물론 증권사에서 판매하는 금융상품도 판매 수수료를 떼는 상품이 있어요. 하지만 ETF 같은 거래소에 상장된 상품을 거래할 때는 거래비용이 아주 낮습니다.

거래 수수료가 얼마 안 된다고 생각할 수 있지만, 만약 매월 10만 원씩 펀드에 투자한다고 했을 때 1,000원씩 은행이 가져간다고 계산하면, 20년 동안 수수료는 24만 원이에요. 24만 원이면 다른 주식 한 개를 더 살 수 있는 금액이죠. 만약 30만 원씩 투자한다면 72만 원을 은행에 주는 겁니다. 이 돈으로 주식을 사서 20년간 보유해 주식가치가 높아진다고 생각하면 얼마 안 된다고 생각하고 버릴 돈이 아니에요.

"자산운용사에서 직접 가입할 수도 있어요"

보통 펀드는 은행이나 증권사를 통해서 사지만 요즘에는 펀드를 만들고 운용하는 자산운용사에서 직접 가입할 수도 있습니다. 예를 들면 대형마트를 거치지 않고, 직접 제조사에서 상품을 사는 것과 마찬가지죠. 유통단계가 줄어드니 수수료가 훨씬 저렴합니다.

저는 메리츠자산운용에 있을 때 국내 운용사 가운데 처음으로 직판 앱을 만들었어요. 펀드를 만들고 운용하는 곳은 자산운용사인데 판매사에 수수료를 주고 살 이유가 없다는 생각이었습니다. 판매사에 있는 분들이 전문가라면 얘기가 달라지지만 우리가 만든 펀드를 판매사들이 더 잘 알수는 없어요. 워낙 금융상품이 많고 복잡하기 때문에 판매사가 상품의 특성을 다 아는 것이 불가능합니다. 대형마트의 직원이 마트에 진열된 제품 정보를 다 알 수 없는 것과 같은 이치입니다. 제품에 대해 가장 잘 아는 곳은 제품을 만든 곳입니다.

미국에는 판매사를 거치지 않고 직접 운용사에서 펀드를 사는 방식이 보편화돼 있어요. 자산운용사라면 고객들의 돈을 아껴주고, 고객들의 돈을 소중히 여기는 것이 중요합니다. 펀드를 고를 때나 펀드를 만드는 운영사를 택할 때도 그런 생각을 갖고 있는 곳을 택해서 상품을 가입하는 것이 중요합니다.

어쨌든 펀드뿐 아니라 개별 종목을 투자하기 위해서는 기본적으로 증권사 계좌를 여는 것이 필요합니다. 이왕이면 수수료가 없는 곳에, 앱에 투자를 많이 하는 곳에 계좌를 만드세요.

    수수료를 무시하지 마세요. 우리 아이들이 투자를 할 때마다 지불해야 하는 돈입니다.

계좌가 여러 개예요. 어떤 계좌를 만드나요?

증권사에 계좌를 만들려고 하면 다양한 계좌를 추천받게 됩니다. 증권사 앱을 열면 기본적으로 일반종합주식, CMA, 해외주식, 연금저축펀드, 퇴직연금(IRP), ISA 계좌를 열 수 있습니다. 투자를 시작하기도 전에 계좌가 너무 많고, 어떤 계좌에서 투자해야 하는지 몰라 그 다음으로 진입하는 것이 쉽지 않습니다.

특히 투자성향 분석을 하다 보면 '원금손실' '본인책임'이라는 단어에 모두 동의해야 하는데, 왠지 아이들을 위해 애써 모은 돈이 다 사라질 것 같은 기분이 들어 멈칫하게 됩니다. 투자를 시작하기 전에 겁부터 먹게 되는데요, 여러 가지 계좌 중에 아이를 위한 투자는 어떤 계좌에서 하는 것이 좋을까요?

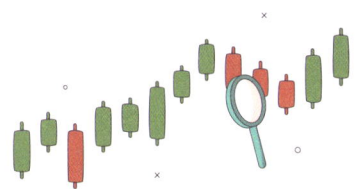

A 계좌를 만든다고 자동적으로 투자가 되지는 않습니다. 투자성향 분석을 하다가 겁이 났다고 해도 계좌를 만드는 건 무료이니 손해 볼 일이 없습니다.

투자 계좌를 선택할 때는 자금의 용도를 따지는 것이 중요합니다. 그러려면 계좌의 특성을 잘 알아야겠죠. 은행과 비교해 쉽게 설명해드리겠습니다.

"자금 용도에 따라 계좌를 선택하세요"

종합주식계좌

은행에 가면 기본적으로 입출입 통장을 만들죠. 은행의 기본 입출입 통장처럼 기본적인 증권사 계좌가 일반 종합주식계좌입니다. 여러분이 받은 월급이 은행통장에 입금된 이후 주식투자를 하기 위해서는 증권사 계좌에 돈을 옮겨야 하죠. 주식 거래를 위해서는 종합주식계좌에 돈이 있어야 합니다. 월급을 주식계좌로 받을 수도 있습니다. 국내 주식을 거래하려면 기본적으로 만들어야 하는 계좌입니다. 은행의 기본 통장과 비슷하다고 생각하면 쉽습니다.

CMA(Cash Management Account)

그런데 주식계좌에 돈을 이체했지만 마음에 드는 주식을 찾을 때까지 꽤 오랜 시간이 걸릴 수도 있죠? 이럴 때는 종합주식계좌보다는 CMA계좌에 옮겨놓으면 좋습니다. CMA계좌에 넣으면 하루만 맡겨도 이자가 붙습니다. 이 돈으로 증권사들이 안정적인 채권에 투자하기 때문입니다. 그러니 아직 좋은 주식을 고르지 못했지만 언젠가 발견했을 때 투자하려고 한다면 CMA계좌에 우선 넣어두고, 투자하고 싶은 주식을 발견하면 다시 종합주식계좌로 옮겨서 거래하면 됩니다.

해외주식계좌

만약 사고 싶은 주식이 국내 주식이 아니라 미국 주식이라면 해외주식계좌를 추가로 만들어야 합니다. 요즘 한국인의 사랑을 받고 있는 엔비디아나 애플, 알파벳, 테슬라 같은 미국 증시뿐 아니라 중국이나 일본, 유럽 증시에 상장된 주식을 거래하기 위해서도 해외주식계좌를 별도로 만들어야 합니다. 개별주식 외에도 SPY나 QQQ 같은 미 증시에 상장된 ETF를 사려고 해도 해외주식계좌를 개설해야 합니다.

"세제혜택을 적극 활용하세요"

주식거래를 할 때 정부에서 혜택을 주는 계좌도 있습니다. 바로 연금저축펀드, ISA, IRP 계좌입니다. 이 가운데 증권사에서 아이들이 개설할 수 있는 계좌는 연금저축펀드가 유일합니다. 따라서 여기에서는 연금저축펀드에 대한 설명만 하고, 부모를 위한 노후 준비 계좌인 ISA와 IRP 등은 해당

부분에서 내용을 참고하시기 바랍니다.

연금저축펀드

연금저축펀드는 펀드 이름이 아니고 계좌 명칭입니다. 연금은 노후 준비를 위한 자금이죠. 아이들도 가입할 수 있지만 노후 준비를 위해 마련된 제도이기 때문에, 아이가 소득이 생긴 이후까지 투자를 이어간다면 55세 이후 돈을 찾는 것을 목표로 운용해야 한다는 점을 꼭 기억해야 합니다.

연금저축펀드에서 거래를 한다면 여기서 발생한 매매차익뿐 아니라 국내 주식 배당에 대해서도 세금을 내지 않아도 됩니다. 명확히 말하면 연금저축펀드는 사실 세금을 아예 안 내는 것이 아니라 이연 해주는 것입니다. 일반적으로 금융소득에 대해서는 15.4%의 세율이 적용되지만, 55세 이후에 돈을 찾을 경우 좀 더 낮은 세율로 세금을 낼 수 있습니다. 원래 내야 할 세금을 당장 내지 않고 재투자하니 이 또한 큰 혜택이라고 할 수 있죠.

연금저축펀드 수령시기별 세율	
70세 미만	5.5%
80세 미만	4.4%
80세 이상	3.3%

연금저축펀드에서 받는 세금 혜택이라면 대표적으로 '세액공제' 혜택이 있습니다. 소득이 있는 직장인이 내야 할 세금에서 연금저축펀드에 납입한 금액에 따라서 일정비율을 돌려주는 혜택인데, 소득이 없는 아이들은 이 혜택을 받았을 리 없습니다. 연금저축펀드는 세액공제 혜택을 받지 않

은 자금에 대해서는 중도인출이 자유롭습니다.

또, 이 계좌에서 운용하면서 얻은 시세차익이나 배당수익에 대해서도 즉시 과세가 안 된다는 것이 가장 큰 장점입니다(해외펀드 제외). 20년간 운용한다면 불어난 자산에 대한 세금 부담이 줄어드는 것입니다. 따라서 아이의 대학등록금, 아이의 유학비용 등을 이 계좌에서 운용하면 좋습니다.

아이 연금계좌를 벌써부터 엄마가 운용해야 할까 하는 생각이 들 수도 있지만, 아이가 직장에 들어간 이후에 시작하면 아이가 30세가 될 때까지 30년간 시간에 투자할 수 있는 기회를 놓칠 수 있어요. 아이의 학원비, 아이와 밖에서 사 먹는 밥값, 장난감 사주는 돈을 아껴서 지금부터 시작하면 아이가 컸을 때 상상 이상의 돈이 될 겁니다.

아이의 연금저축 펀드 계좌의 또 다른 장점은 아이가 소득이 생겼을 때 이미 납입한 금액에 대해 세액공제를 받을 수 있다는 점입니다. 2025년을 기준으로 본다면 연간 600만 원 납입액에 대해서 세액공제를 해줘 연말에 최대 148만 원까지 돌려받을 수 있습니다. 사회 초년생 때 월급이 적어 연간 600만 원을 납입하지 못했다고 하더라도 이미 납입한 금액에 대해 세액공제를 해주는 것입니다. 만약 엄마가 6,000만 원을 납입했다면 매년 세액공제액만큼 10년간 돌려받을 수 있습니다. 다만 이 제도는 매년 세액공제 한도가 변동될 수 있다는 점은 참고하기 바랍니다.

"자금의 용도를 고려해서 투자하세요"

다만 세액공제를 받은 자금에 대해서는 55세 이후에 돈을 빼는 것이 유리하기 때문에, 아이가 세액공제를 받는 시점에 자금의 용도를 잘 따져보는 것이 좋습니다.

　만약 결혼자금이나 결혼 이후 주택구입자금 등에 이 자금을 쓸 예정이라면 세액공제를 받기 전에 납입한 원금과 자산상승분은 인출하는 것이 좋습니다. 배당 등의 소득에 대해서는 세액공제를 받지 않았다고 하더라도 16.5%의 세금을 뗍니다.

　연금저축펀드에 납입한 후 세액공제 혜택을 받았다면 이후부터는 55세 이후에 인출해야 유리합니다. 일반적으로 금융소득에 대해서는 15.4%의 금융소득세가 부과되지만, 세액공제를 받은 자금에 대해서는 중도인출의 경우 16.5%의 기타소득세를 내야 합니다. 금융소득세보다 더 높은 세율이죠.

　따라서 아이가 소득이 없을 때까지, 명확하게는 세액공제를 받기 전까지는 엄마와 아이가 참여해서 이 계좌에서 20년 이상 운용해 자산을 늘려놓는 것이 좋습니다.

　굳이 단점을 꼽자면 연금저축 계좌에서는 국내나 해외의 개별종목 투자뿐 아니라 레버리지 상품 같은 변동성이 큰 상품은 투자할 수 없다는 점입니다. 미래를 위한 자금이기 때문에 위험한 상품이라고 인식되는 상품에는 투자를 할 수 없도록 막아놓았습니다. 해외주식에 투자를 하고 싶다면 국내 증시에 상장된 미국ETF에는 투자가 가능합니다. 국내에서 미국의 S&P500이나 나스닥100 같은 지수를 기초자산으로 하는 상품이 다수 출시돼 있고, 순자산도 많습니다.

"급증하는 서학개미... 절세계좌 美 ETF 세제혜택 축소"

✦ 2025년 1월. 절세계좌에서 미국 펀드에 투자하던 사람들의 배당금이 예상보다 적게 입금되는 사태가 발행했습니다. 그 이유는 2025년부터 '외국납부세액 공제방식'이 달라졌기 때문입니다.

연금저축펀드는 정부가 국민들의 노후 준비를 위해 세제혜택을 주면서 가입을 권장하는 계좌입니다. 이 계좌에서는 국내 펀드뿐 아니라 해외펀드에 투자할 수 있습니다. 지난해까지는 해외펀드의 배당금에 대해서 세제혜택을 줬는데 올해부터는 그 혜택이 줄어들어 상당한 잡음이 있었습니다.

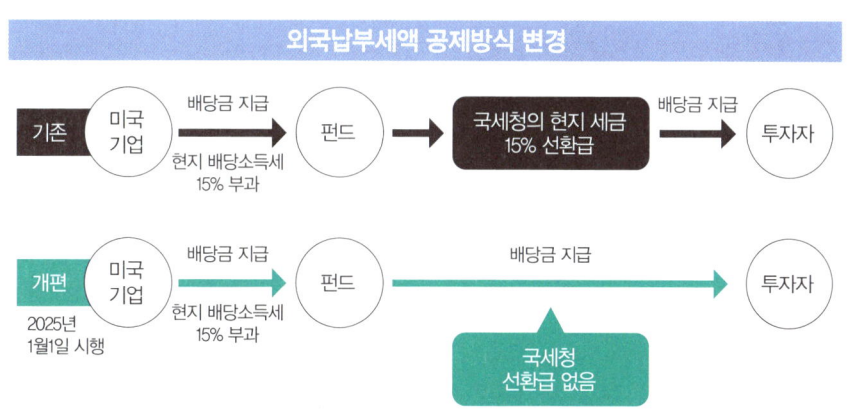

원래 배당이나 이자에 대해서는 소득세를 뗍니다. 미국 주식에 투자해서 배당소득이 생기면 미국에 세금을 냅니다. 투자자가 국내 자산운용사의 미국 펀드에 투자하고 배당금을 받을 때는 미국에 소득세를 떼고 운용사에 배당이 들어와서 자산운용사가 이를 분배해서 각 투자자들에게 나눠줬습니다.

그런데 연금저축 같은 절세계좌에서 투자한 경우 세제혜택을 위해 그동안 한국 국세청에서 미국에 낸 세금을 환급해주는 방식으로 운영됐었습니다. 그런데 2025년에는 제도가 바뀌면서 국세청이 환급을 안 해주게 된 겁니다. 15%에 해당하는 세금이 환급이 안 된 채 배당금이 들어오니 예상했던 분배금보다 적은 돈이 투자자들의 통장에 꽂힌 거죠.

원래 이 제도가 시행되기로 했던 건 4년 전입니다. 그런데 정부가 국민들에게 알리는 일을 제대로 하지 않아서 예상과 달리 세제혜택이 줄어드니 혼란스러운 상황입니다.

2025년 2월 기준 정부는 이같은 혼란을 잠재우기 위해 최근 시행된 외국납부세액 공제방식을 다시 정비하고 있습니다. 하지만 법 개정이 필요한 사안이라 시간이 필요합니다. 이 내용은 투자자들이 계속 지켜봐야 할 사항입니다. 따라서 아이들의 연금저축계좌에서도 당분간은 미국ETF 투자 분배금은 세금을 제외하고 지급될 가능성이 높습니다.

다만 절세계좌가 아닌 일반계좌에서는 원래 세금을 떼고 배당금이 들어왔기 때문에 제도가 바뀌면서 달라지는 것이 없습니다. 또 절세계좌에서 국내ETF에 투자한 배당금에 대해서는 기존대로 세제혜택이 가능합니다.

왜 1만 원인가요?

이제 얼마를 어디에, 어떻게 투자할지 자세히 알아보겠습니다. 스텝 2의 주제는 '하루 1만 원 S&P500부터'라는 제목을 붙였는데요, 사실 이 문장에 모든 것이 담겨 있습니다. 일단 왜 '하루 1만 원'인지에 대해서 짚어보겠습니다. 통계청의 발표에 따르면 지난 2022년 임금근로자의 월평균 소득은 353만 원으로 집계됐습니다. 코로나를 지나면서 시중에 돈이 많이 풀려 임금상승률이 전년도에 비해 6%나 증가했는데도 월급은 늘 부족하다고 느껴지는데요, 하루에 1만 원을 투자한다면 1년에 365만 원, 한 달에 약 30만 원입니다. 우리 아이의 미래를 위해 월급의 10% 정도는 투자하라는 말씀이신데 적절한 수준인가요? 존리 대표님의 의견이 궁금합니다.

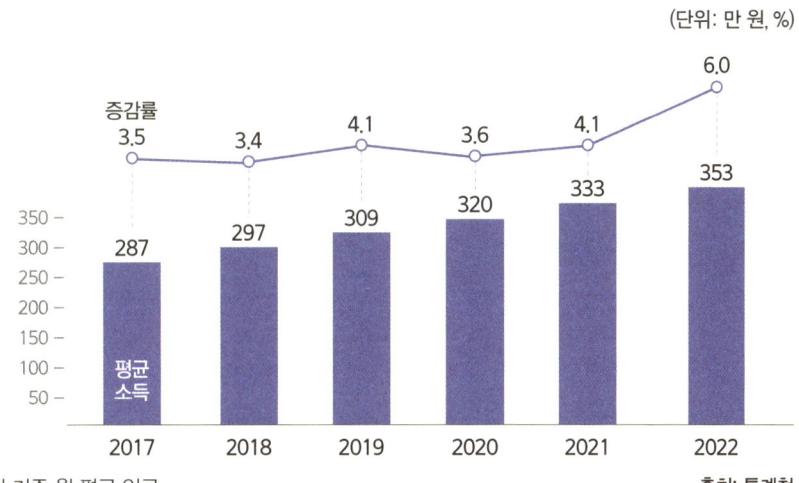

임금근로일자리 근로자 평균소득 현황

*세전 기준 월 평균 임금   출처: 통계청

A 보통 주식투자라고 하면 적어도 수백만 원, 수천만 원의 목돈이 있어야 한다고 생각하시는 분들이 많습니다. 하지만 주식투자는 거창한 돈을 필요로 하지 않아요. 하루 1만 원이라도 얼마든지 가능합니다. 요즘 밖에서 점심 한 끼 사 먹으려면 1만 원은 간단하게 넘기기 일쑤입니다. 조금 괜찮은 점심을 한다면 2~3만 원이 훌쩍 넘어가죠. 만약 2만 원짜리 점심을 먹는 대신 1만 원짜리 점심을 먹고 1만 원은 주식을 산다고 생각해보세요. 충분히 어렵지 않게 할 수 있는 일 아닌가요?

1만 원을 쓰는 것은 어렵지 않게 생각하면서, 그 돈으로 주식을 산다고 하면 꺼려하는 사람이 많습니다. 1만 원으로 충분히 근사한 점심도 먹을 수 있고, 우리 아이들을 위한 미래도 준비할 수 있습니다. 1만 원이 그리 크지 않은 돈이라고 생각할 수도 있습니다. 하지만 매일 1만 원이면 한 달에 30만 원이고, 1년이면 365만 원이에요. 결코 적은 돈이 아니죠. 우리가 매일 마시던 커피값, 외식비를 줄여서 충분히 만들 수 있는 금액이에요.

"가게에서 물건을 사듯 주식을 사세요"

가게에서 물건을 사듯 일생생활에서 쉽게, 자주 주식을 사세요. 주식은 한 주에 보통 몇천 원에서 몇십만 원까지 다양한 금액으로 형성돼 있습니다. 마음만 먹으면 매일 주식을 살 수 있습니다. 최근에 인기를 끌고 있는

ETF는 적은 돈으로도 주식에 충분히 투자할 수 있어요.

ETF는 Exchange Traded Fund의 앞글자를 딴 말로, 인덱스펀드를 거래소에 상장시켜 놓은 상품입니다. ETF는 1만 원, 2만 원으로 살 수 있는 상품들이 많습니다. 5천 원으로 살 수 있는 것들도 있죠. 소액으로 주식투자를 하려면 ETF에 투자하는 것이 유리합니다.

중요한 것은 매일 밥 먹듯이 꾸준히 사 모으는 것입니다. 조금씩 아낀 돈으로 주식형 펀드를 사 모으면 초반에는 많아 보이지 않지만 시간이 지날수록 불어날 거예요. 또 투자한 ETF에서 배당도 나오는데 이것도 재투자하면 시간이 지난 뒤에는 상당한 금액이 돼 있을 것입니다.

요즘 흙수저는 웬만해선 부자가 되기 힘들다고 하죠. 하지만 저는 그렇게 생각하지 않습니다. 흙수저가 부자가 되는 모습을 주변에서 수없이 봤습니다. 그 중심에 주식이 있죠. 처음엔 흙수저일지라도 투자를 빨리 시작해 꾸준히 주식을 모아 오랜 시간 많은 투자를 했다면 부자가 됩니다. 부자로 태어나는 게 중요한 것이 아니라 부자가 되는 습관이 중요합니다.

우리 아이들의 경우도 마찬가지입니다. 지금 내가 큰 부자가 아니어서 아이를 금수저로 키우지 못한다고 실망할 필요가 전혀 없습니다. 충분히 아이를 금수저로 키울 길이 있는데, 그 길로 안내하지 않는 것은 무책임한 부모입니다.

다만 시간이 필요합니다. 지금 당장 큰돈이 없을지 몰라도 하루 1만 원이라도 꾸준히 자산을 매일 모으면 30년 뒤에는 남부럽지 않은 삶을 살 수 있을 것입니다. 단순히 돈만 모은 것이 아니라 아이와 좋은 주식을 골라낼 수 있는 인사이트를 함께 키워왔으니 아이의 내면도 꽉 차 있을 것입니다. 주식투자는 여러모로 좋습니다.

"가난한 사람들은 부채를 얻으면서 즐거움을 얻습니다"

세상에는 두 부류의 사람이 있어요. 부를 만드는 생활을 하는 사람과 부를 없애는 생활을 하는 사람입니다. 필요 없는 지출을 줄여서 일찍부터 나의 노후를 준비하고 아이를 위한 투자를 시작하는 사람이 부를 만드는 사람이라면, 반대로 자신의 수입보다 과도하게 지출하는 사람들이 부를 없애는 사람이라고 할 수 있지요.

당신은 부를 창조하는 사람인가요? 파괴하는 사람인가요? 부자는 자산을 취득하면서 즐거움을 누리지만 가난한 사람들은 부채를 취득하면서 즐거움을 얻습니다. 부자들은 자산을 모을 때 미래에 가치가 오를 만한 자산을 취득합니다. 주식이나 부동산 같은 자산이 대표적이죠. 하지만 옷, 가방 자동차 같은 소비재는 사자마자 가치가 떨어집니다. 우리는 미래에 가치가 오를 만한 자산을 모아가야 합니다.

무조건 돈을 쓰지 말라는 것이 아닙니다. 1,000만 원을 가지고 1억 원을 만든 다음 100만 원짜리 명품을 사는 것은 이해할 수 있습니다. 하지만 1,000만 원을 갖고 있을 때 100만 원짜리 명품을 사는 건 잘못된 습관입니다. 우리는 부자처럼 보이려고 하지 말고 진짜 부자가 돼야 합니다. 아이들에게도 1만 원으로 투자습관을 기를 수 있도록 도와주세요. 아이가 어른이 됐을 때 부자가 되려면 지금부터 시작해야 합니다.

"자신을 위해 가장 먼저 지불하세요"

"Pay yourself first."

미국에서 흔히 주고받는 말입니다. 돈이 생기면 그 돈을 쓰기 전에 자신에게 먼저 지불하라는 뜻입니다. 이를테면 월급이 300만 원이라고 했을 때 30만 원을 무조건 나의 노후를 위해서 투자하는 것입니다. 이제는 나뿐만 아니라 우리 아이들을 위한 투자금을 먼저 지불한 다음에 다른 소비 항목들의 우선순위를 정해 남은 돈을 쓰세요. 20년, 30년 후 나와 아이들의 노후에 든든한 자산이 될 것입니다. 하루 1만 원으로도 부족하지 않습니다.

왜 S&P500인가요?

이번엔 왜 S&P500인지 짚어보려고 합니다. S&P500은 미국 증시를 대표하는 지수죠. 미국 증시에 투자하는 방법은 여러 가지가 있지만 대표지수인 S&P500에는 투자하려면 펀드를 통해서 투자할 수 있습니다.

금융정보업체 에프앤가이드에 따르면 지난 2024년 7월 기준 해외주식에 투자하는 해외주식형 펀드의 순자산은 70조 8,000억 원으로 국내주식형 펀드 순자산보다 약 3조 원가량 많습니다.

*2024년 1월 2일 ~ 7월 30일 기준

해외주식형 펀드 순자산이 국내주식형 펀드 순자산을 넘어선 것은 2024년이 처음입니다. 특히 주로 미국에 투자하는 북미지역 비중이 수치를 끌어올렸습니다. 그만큼 투자자들이 미국 시장에 대한 관심이 높아지고 있습니다. 특히 대표지수인 S&P500을 추종하는 펀드에는 2023년 기준 1조 4천억 달러, 우리 돈으로 약 1경 5,520조 원에 달하는 전 세계의 자금이 투자돼 있습니다.

하지만 초보자들은 해외주식에 대한 접근조차 어렵게 느껴질 수도 있습니다. 왜 S&P500부터 투자하는 게 좋은지, S&P500에 투자하려면 어떻게 해야 하는지 궁금합니다.

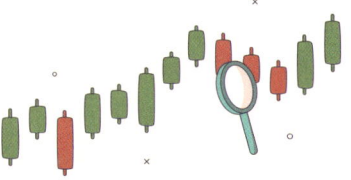

A 처음 시작하는 투자자라면 개별종목을 분석하기 어려울 테니 펀드부터 시작합니다. 펀드는 투자를 전문적으로 하는 기관이 여러 사람들로부터 돈을 모아 투자한 뒤 그 수익을 펀드 가입자들에게 돌려주는 간접투자의 전형적인 예입니다. 펀드를 운용하는 담당자를 펀드 매니저라고 하며, 주식이나 채권 부동산 같은 실물에 투자하는 다양한 펀드가 있습니다.

S&P500을 추종하는 펀드는 미국 시장에 투자하는 가장 기본적인 펀드입니다. S&P500은 미국의 신용평가사 스탠다드앤드푸어스Sandard & Poor's가 만들어낸 지수로, 1923년에는 200여 개 기업을 담은 지수였지만 1957년부터 500여 개 기업을 담아 지금의 지수로 탄생했습니다. 미국을 대표하는 지수로, 이 지수를 추종하는 펀드에 투자하면 미국 전체 시장에 투자하는 효과를 누릴 수 있습니다. 그래서 투자의 귀재 워런 버핏은 지난 2024년 "내가 죽으면 남은 돈의 90%를 S&P500을 추종하는 인덱스펀드에 투자하라"라고 유언장에 남기기도 했습니다.

"S&P500에 가장 많은 돈이 몰려 있습니다"

S&P500의 산업구성을 보면 시가총액이 가장 큰 애플과 마이크로소프트 같은 주요 빅테크 기업이 약 30%, 금융과 헬스케어가 각각 약 13%, 그

리고 자동차 등 소비재를 비롯해, 에너지, 부동산, 소재 기업 등으로 구성돼 있습니다. IT 기업의 비중이 높지만 전반적으로 다양한 산업이 분포돼 있습니다.

이렇다 보니 이 지수를 활용해 만들어진 펀드에는 전 세계의 투자자금이 가장 많이 몰려 있습니다. 전 세계 자금이 미국 시장에 열광하는 이유는 미국이 전 세계에서 돈이 가장 많이 몰리는 가장 큰 시장이자 가장 확실한 성과를 보여준 시장이기 때문입니다. 실제로 S&P500 지수는 수차례 위기를 겪었음에도 미국 경제성장과 함께 꾸준히 상승해왔습니다.

"돈이 몰리는 데는 이유가 있습니다"

그렇다면 미국 증시에는 왜 이렇게 많은 돈이 몰리는 걸까요?

미국에 가장 좋은 기업들이 몰려 있기 때문입니다. 전 세계인들이 미국 기업이 판매하는 제품과 서비스를 쓰고 있습니다. 애플이나 마이크로소프트, 아마존 같은 세계 최고의 IT 기업뿐 아니라 테슬라 같은 전기차 기업도 세계 1위 기술력을 갖추고 있습니다. 가장 좋은 기술력과 자본이 모여 있으니 전 세계 훌륭한 인재들을 빨아들이고, 투자자들도 돈을 싸들고 최고의 기술력을 성장시키기 위해 노력합니다. 그러니 미국 시장은 다른 시장에 비해 성장할 수 있는 여건을 많이 갖추고 있는 셈입니다.

실제로 전 세계 10대 시총 상위 기업에는 미국 기업이 9개나 이름을 올리고 있습니다. 2025년 2월 기준으로 애플, 엔비디아, 마이크로소프트, 아마존, 알파벳 이 1위부터 5위를 차지하고 있으며 유일하게 사우디의 아람코가 6위를 차지하고 있습니다. 그 뒤로 이어지는 메타, 버크셔해서웨이, 테슬라, 브로드컴이 모두 미국 기업입니다.

"가장 큰 시장에 투자하세요"

이렇다 보니 미국 증시 규모도 다른 나라에 비해 압도적입니다. 한국거래소에 따르면 지난 7월 기준 미국 증시의 시총은 57조 6천억 달러, 우리 돈으로 7경 8,422조 원 규모입니다. 2위인 중국 증시 시총의 7배가 넘고, 한국 증시의 30배가 넘습니다. 특히 미국 증시에 관심을 가지면 국내 기업과 시장에 대한 이해에 도움이 되기 때문에 미국 기업과 시장에 대해 관심을 가질 필요가 있습니다.

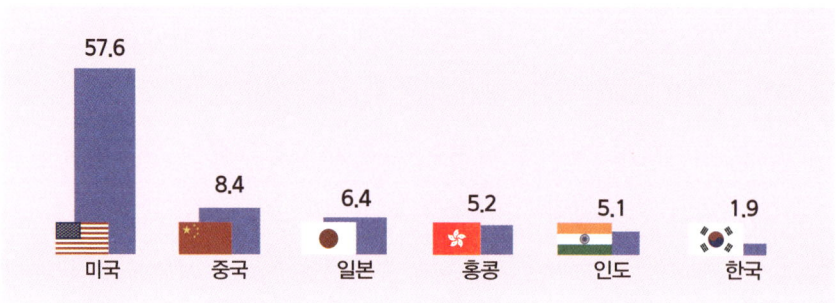

S&P500에 투자하려면 어떻게 해야 할까요? 이 지수를 추종하는 펀드에 가입하면 됩니다. 은행이나 증권사에 가서 펀드를 가입할 수도 있지만 요즘에는 증시에 상장된 ETF를 사는 것이 가장 간편합니다. 특히 S&P500 같은 기본적인 ETF의 경우에는 자산운용사들이 수수료 경쟁을 하기 때문에 0.006%까지 운용보수가 떨어져 있습니다. 1억 원을 투자하면 운용보수를 약 6,000원만 내는 것입니다.

"바로 지금 시작하세요"

언제 투자하는 것이 좋을까요? 많은 분들이 질문을 합니다. 바로 지금입니다. 주식투자에 마켓타이밍이란 없습니다. 가장 빨리 투자하는 것이 가장 유리합니다. 아이들도 어른들도 마찬가지입니다. 주식시장은 늘 변동이 있지만 장기적으로는 우상향할 수밖에 없습니다. 그러니 주가가 높든 낮든 꾸준히 자주 주식을 사세요. 아이가 0세라면 지금부터 아이가 성인이 될 때까지 20년간 미국 시장에 꾸준히 투자할 수 있습니다. 0세부터 투자하지 않았더라도 괜찮습니다. 더 늦기 전에, 지금부터 투자를 시작하세요. 아이가 15세라면 성인이 될 때까지 5년은 엄마와 아이가 함께 투자할 수 있고, 아이가 직장을 갖게 되는 20대 후반이나 30대까지 10년 넘게 투자를 이어갈 수 있습니다. 아이가 소득이 생긴 후 아이 스스로 투자를 이어간다면 그야말로 다른 출발선에서 시작하는 것입니다. 지금 시작을 안 해서 아이가 성인이 될 때까지 기다린다면 그 시간만큼 돈이 일하는 기회를 놓치는 것입니다. 가장 좋은 투자 방법은 지금 당장, 자주, 꾸준히 투자하는 것입니다.

S&P500 ETF를 사는 방법은 두 가지가 있습니다. 미국 시장에 직접 상장된 ETF를 사는 방법이 있고, 한국 증시에 상장된 미국 지수에 투자하는 ETF를 사는 방법도 있습니다. 결론적으로 말하면 한국 시장에 상장된 ETF에 투자하는 것이 유리합니다.

이유는 비용이 저렴하기 때문입니다. 미국 증시에 상장된 ETF에 투자하려면 우선 달러로 환전을 해야 합니다. 환전수수료 비용이 추가로 들어갑니다. 국내 시장의 경우에는 증권사 거래비용뿐 아니라 자산운용사의 운용보수도 치열한 경쟁을 통해 계속 낮아지고 있어서 국내 시장에 상장된 ETF를 사는 것이 유리합니다.

ETF가 정확히 뭐예요?

최근 ETF의 자금유입 증가세가 놀라울 정도입니다. 한국거래소에 따르면 2024년 ETF 순자산은 173조 원을 돌파했고, 종목 수도 935개를 넘어섰습니다. 이 가운데 해외 자산에 투자하는 해외형 ETF는 67조 2천억 원으로 전년도에 비해 137%나 성장했습니다. 존리 대표님이 언급했던 대로 거래하기 쉽고 적은 돈으로도 국내외 증시에 투자할 수 있다는 편리함 때문에 자금이 몰리고 있는 것으로 분석됩니다. 그런데 ETF에 대해서 막연하게 알고 계시는 분들을 위해서 ETF에 대해 자세히 알려주시면 좀 더 믿음을 갖고 투자하실 수 있지 않을까요? ETF가 정확히 뭔가요?

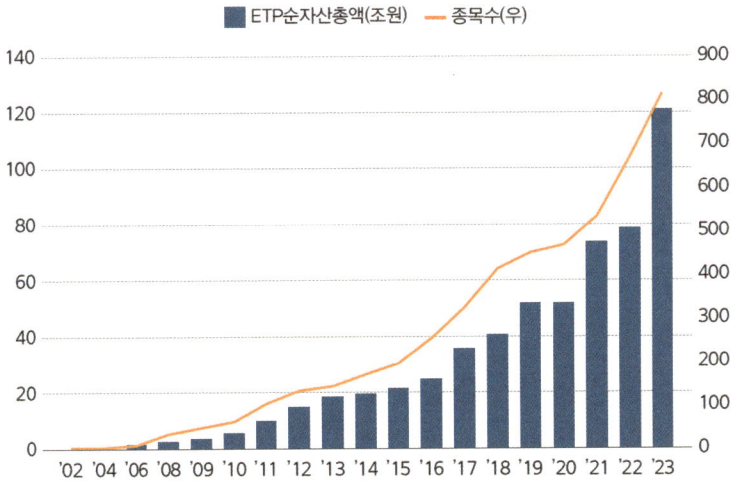

출처:한국거래소/미래에셋자산운용

A 앞에서 잠깐 언급했다시피 ETF는 Exchange Traded Fund라고 해서, 주식시장에서 거래가 가능한 펀드입니다. 2002년에 ETF 상품은 딱 2개밖에 없었지만 지금은 국민 재테크 수단으로 자리 잡았어요. 지난 2024년 5월 기준 ETF 순자산 142조 원으로 증가세가 가팔라지고 있습니다.

ETF의 인기가 많은 이유는 거래하기가 편하다는 장점이 있어서입니다. 주식계좌만 있으면 모바일로 얼마든지 사고팔 수 있습니다. 또 지수를 추종하는 펀드이기 때문에 지수에 포함된 여러 종목에 분산투자가 가능하고, 지수 구성종목의 순위에 따라 투자하는 종목도 달라지기 때문에 펀드 매니저가 별로 할 일이 없어요. 그 때문에 보수도 낮습니다.

"구성 종목이 특이하게 공개돼 있습니다"

또 ETF의 가장 좋은 장점 중 하나는 이 펀드가 정확히 어디에 투자하는지 알 수 있다는 점입니다. 우선 이름만 봐도 예측이 가능합니다. 국내 ETF 이름은 주로 브랜드명+투자지역+추종지수로 구성돼 있습니다.

몇 개의 ETF를 예를 들어 설명해보겠습니다. 'ACE미국S&P500'이라는 이름의 ETF의 경우, ACE는 한국투자신탁운용의 브랜드명입니다. 그리고 나머지는 미국의 S&P500에 투자하는 ETF라는 뜻이에요.

'KODEX나스닥100'이라는 ETF는 삼성자산운용의 ETF 브랜드가 KODEX이고, 나스닥에 상장된 상위 100개 기업에 투자하는 ETF라고 이해하면 됩니다. S&P500이나 나스닥100의 경우에는 각각 500개 기업, 100개 기업에 투자하는 펀드인데 이보다 종목을 줄여서 투자할 수 있는 ETF도 있습니다.

예를 들어 'TIGER미국테크TOP10INDXX'라는 ETF는 TIGER라는 브랜드를 운영하는 미래에셋자산운용이 미국의 상위 10개 테크기업에 투자하는 펀드라는 뜻입니다. INDXX는 이 지수를 만든 지수 산출 기관입니다. INDXX를 비롯해서 Fn, iSelect, FACTSET, Solactive 등의 영문은 지수산출기관을 표시하는데, 최근 들어 점차 없어지는 추세입니다.

그 외에도 '레버리지'는 지수 움직임의 몇 배를 추종하는 상품, '인버스'는 지수 하락에 베팅하는 상품입니다. 이런 이름 뒤에 뭔가 덧붙어 있는 상품은 ETF에 대한 이해가 깊어지기 전까지는 피하는 것이 좋습니다.

"아이들이 성인이 될 때까지 성장할 펀드인지 따져보세요"

ETF에 투자할 때도 우리 아이들이 성장할 때까지 망하지 않고 잘 성장할 펀드인지를 따져보는 것이 중요합니다. 예를 들어 나스닥100 ETF를 생각해보세요. 미국 나스닥에 상장된 상위 100개 기업이 우리 아이가 성인이 됐을 때 사라질까요? 또는 계속 성장할까요? 기술력이 있다면 이 기업들을 앞으로 우리 생활을 바꿀 많은 제품과 서비스를 내놓겠죠. 그렇다면 계속 기업의 가치는 높아질 것이고, 주식의 가격도 오를 거예요. 이 ETF의 좋은 점은 100위권 내에 있던 기업이 성장이 둔화돼도 내가 걱정할 일이 없다는 것입니다. 만약 어떤 기업이 혁신을 못하고 뒤처져 100위권 밖으로 떨어진다고 하면 지수 자체에 포함되지 않아 그 기업엔 더 이상 투자를 하지 않습니다. 반대로 100위권 밖의 기업이 혁신적인 제품이나 서비스를 내와 100위권 안으로 진입한다면 새롭게 진입한 기업에 자동 투자되니, 우리는 꾸준히 적금을 넣듯이 이런 펀드에 꾸준히 돈을 모으면 됩니다.

다시 말하면 펀드는 개별주식들이 모여 있는 주머니 같은 거예요. 초보자라면 개별주식보다는 먼저 펀드에 투자하세요. 주식에 대한 이해가 깊어지면 개별주식에 관심을 가져보면 됩니다. 개별주식을 고르려면 공부가 필요해요. 이 기업이 무엇을 하는지, 어떤 전략으로 회사를 운영하는지, 매출이나 영업이익이 잘 나오는지 같은 것들을 봐야 합니다. 아이들과 미국

시장 또는 한국시장 전체에 대한 이야기를 나누고, 펀드의 구조를 이해하고, 펀드의 구성종목에 관심을 갖다 보면 개별 종목에도 자연스럽게 관심이 가게 될 것입니다. 이후에는 아이들과 각 기업에 대해 공부하고 아이들이 직접 기업 투자할 기업을 골라보는 것도 좋은 방법입니다.

"개별기업 투자와 병행하세요"

만약 개별기업을 보는 눈이 생긴다면 펀드투자와 개별종목투자를 병행할 수 있습니다. 만약 확실히 성장할 것 같은 기업 A에 투자했고, 이 기업이 실제로 성장했다면 이 기업의 주가는 상승할 거예요. 오히려 기업 A가 들어있는 펀드보다 상승률이 더 높을 수 있어요. 왜냐면 펀드는 A기업뿐 아니라 B, C, D, E, F 기업의 상승률의 평균을 구해야 하기 때문이죠. 개별기업에 눈을 뜨더라도 가장 큰 시장, 대표지수에 펀드투자를 병행한다면 자산 분산 측면에서 효과적입니다.

"햄버거 밀키트를 대형마트 앱에서 손쉽게 살 수 있다면..."

◆ '어려운 경제를 어떻게 하면 사람들이 재미있고 쉽게 이해할 수 있게 할까?'라는 고민을 오랫동안 해왔습니다. 최근에는 경제를 '요리'와 함께 풀어내는 어린이 경제 쿠킹 클래스도 운영하고 있습니다.

ETF를 요리로 설명하니 아이도 어른도 쉽게 이해합니다. 아이와 함께 투자를 하는 과정을 '햄버거 만들기'로 비유해보겠습니다.

국내시장에서 투자를 한다면 한국거래소에 상장된 기업의 주식을 사야겠죠. 햄버거를 만들기 위해서는 우선 재료를 사야 해요. 그래서 아이들과 대형마트 앱을 켜서 햄버거에 넣을 재료를 장바구니에 담아요.

일단 햄버거 빵이 필요할 테고, 패티를 만들 다진 고기도 필요해요. 또 토마토, 양상추, 양파, 치즈, 소스 같은 재료들도 사야겠죠. 장바구니 한가득 재료들을 담았어요. 그런데 햄버거 하나를 만들기 위해 많은 재료를 사니 밖에서 사 먹는 것보다 재료비가 더 많이 들어요. 많은 양을 사야 하니까요.

그래서 '햄버거 밀키트가 있으면 좋겠어'라고 생각을 해요. 그래서 자산운용사들이 '햄버거 밀키트'를 만들었어요.

여기서 각각의 재료는 개별 종목이에요. 예를들어 햄버거빵＝삼성전자, 고기 패티＝SK하이닉스, 치즈＝한미반도체, 토마토＝원익IPS, 양상추＝동진쎄미켐, 양파＝주성엔지니어링, 소스＝고영테크놀러지라고 가정해보세요.

이걸 필요한 만큼 조금씩 밀키트에 담아요. 밀키트는 '펀드'라고 할 수 있어요.

그런데 밀키트 제조회사(자산운용사)가 밀키트를 만들었는데 예전엔 대형마트 온라인 앱에서 못 샀어요. 사고 싶으면 꼭 동네마트(은행, 증권사)에 가야 했어요.

사람들은 또 생각하죠. '밀키트도 대형마트 온라인 앱에서 살 수 없을까? 밀키트를 사기 위해 동네 마트로 나가려니 불편하잖아.' 그래서 대형마트가 밀키트를 온라인 앱에 입점시켰는데 그게 바로 ETF예요. 수수료도 더 싸고 거래하기도 간편해요.

밀키트의 종류도 다양한데, 햄버거 밀키트 안에 들어 있는 각각의 재료들을 보니 햄버거 밀키트는 '반도체 펀드'라고 할 수 있어요. 그래서 ETF를 사려면 밀키트 안의 재료들을 꼭 확인해야 해요. 이름만 보고 햄버거ETF를 샀는데 재료를 확인하지 않으면 내가 사고 싶은 건 불고기버거였는데, 그 안에 치킨버거가 들어 있을 수도 있어요.

코스피200은 어때요? 어떻게 분산투자하나요?

미국 시장이 각광을 받으면서 한국의 증시는 상대적으로 외면받고 있는 모습입니다. 실제로 미국의 나스닥100과 코스피200, 코스닥150의 지수 변동을 비교해보면 그 차이를 확실히 느낄 수 있습니다. 2010년을 기준으로 나스닥100은 지속적으로 상승하고 있는 반면에 코스피200이나 코스닥150은 박스권 안에서 움직이고 있는 상황입니다. 우리나라 대표지수인 코스피200에 투자하는 것은 어떻게 생각하십니까?

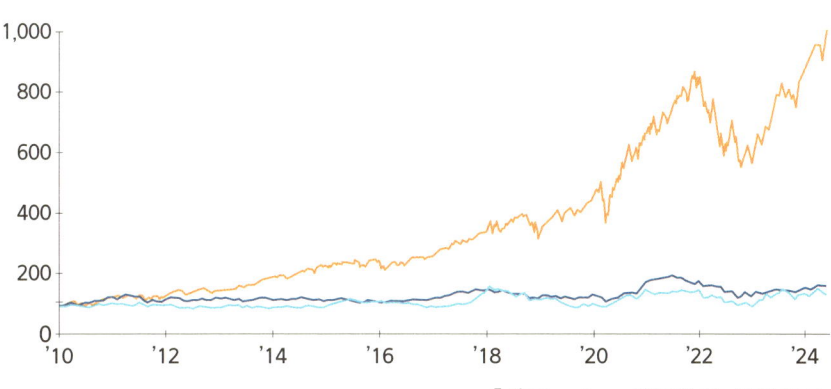

A 저는 장기적으로 한국 시장에 대해 낙관적으로 평가합니다. 한국의 미래를 희망적으로 보기 때문입니다. 다만 당장 올해 주식시장이나 내년 시장이 어떻게 될지는 모릅니다. 하지만 한국 시장의 상황을 보면 한국 시장은 아직 매력적인 것이 분명합니다.

"한국 증시는 저평가되어 있습니다"

가장 중요한 것은 한국 기업들의 가격입니다. 상장된 기업의 가치를 보통 시가총액이라고 합니다. 같은 업종에 속한 외국 기업에 비해 한국 기업이 훨씬 낮은 가격으로 거래되고 있습니다. 소위 '코리아 디스카운트'라고 합니다. 한국 기업들의 경쟁력에 비해 너무 낮은 가격으로 거래되고 있다면 장기투자자들에게는 좋은 기회가 될 수 있습니다.

그 이유는 경쟁자가 적기 때문입니다. 주식을 도박으로 여기는 사람이 많다는 것은 역설적으로 제대로 투자한다면 수익을 내기에 좋은 환경이라는 뜻입니다. 매일 쏟아져 나오는 우리 경제에 대한 부정적인 뉴스로, 투자자들이 주식시장에서 멀어진다면 나에게는 기회입니다.

하지만 한국 증시는 변하고 있습니다. 선진국처럼 국민들이 자본주의에 대한 이해도가 점차 높아지면 보다 많은 이들이 주식을 보유해 자본가가 되려 할 것입니다. 주식시장으로 몰리는 사람이 많아질수록 주가는 당연히 올라갑니다. 사람들이 망설이고 주춤할 때 내가 먼저 시작한다면 먼 훗날 나의 수익률은 높아집니다.

"경쟁자가 적다는 건 수익 내기 좋은 환경이라는 뜻입니다"

공적 기관인 국민연금공단의 국내 주식투자 비중은 2024년 11월 기준으로 전체 기금의 약 11.9%를 차지하고 있습니다. 2025년 목표비중이 14.9%인 만큼 국내 주식 비중을 더 늘릴 가능성이 높습니다. 국민들의 노후자금을 운용하는 만큼 최근에는 수익률이 높은 미국 주식이나 대체투자 비중을 늘리고 있지만 국민연금이 국내 주식시장을 외면할 수는 없습니다. 주목할 것은 적립금 액수입니다. 국민연금의 적립금은 2015년 최초로 500조 원을 돌파했고, 2023년에는 처음으로 1,100조 원을 돌파했습니다. 이는 일본과 노르웨이에 이어서 세 번째로 큰 규모입니다. 전문가들은 2040년에는 적립금이 1,760조 원에 이를 것이라고 전망하고 있습니다.

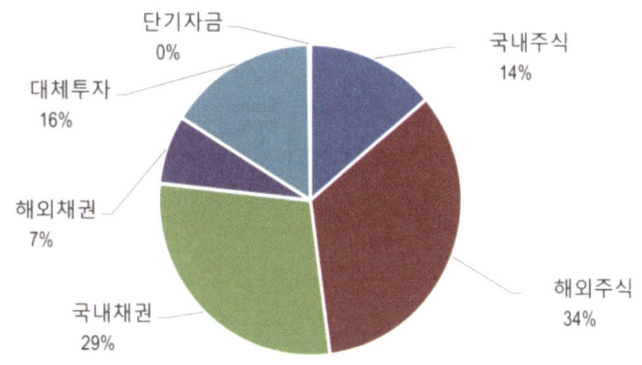

한국 시장에 대해 낙관적인 또 다른 이유는 퇴직연금의 주식투자 비율이 아주 미미하다는 점입니다. 현재 한국의 퇴직연금은 90% 이상이 은행이나 보험에 묶여 있습니다. 그런데 이 자금이 점차 주식으로 흘러 들어올 준비를 하고 있습니다.

최근 들어 국민들이 자산운용에 관심을 가지면서 퇴직연금의 DC형 전환이 늘고 있습니다. 이런 추세라면 우리 아이들이 소득이 생길 즈음에는 DC형 전환율이 높아 지금보다 많은 자금이 증시로 흘러 들어올 것으로 생각합니다. 특히 주식에 투자를 하고 주식시장에 대한 이해가 높은 아이들이 많아질수록 퇴직연금을 주식으로 운용하는 사람들이 늘어날 것입니다.

"퇴직연금이 국내 증시로 흘러 들어올 가능성이 높습니다"

은퇴 이후를 위해 자금을 운용하는 퇴직연금은 DB(확정급여형), DC(확정기여형)로 나뉩니다. 쉽게 말하면 DB형은 나의 퇴직연금을 내가 속한 회사가 운용해주는 것이고, DC형은 내가 운용하는 것입니다. 그런데 아직도 나의 퇴직연금이 DB형인지 DC형인지조차 모르는 사람이 많고, 운용에 대한 지식이 없으니 본인의 퇴직연금을 회사에 맡겨둔 경우가 많습니다.

그런데 회사가 나의 퇴직연금을 적극적으로 운용해주는지는 생각해봐야 합니다. 회사는 운용수익률이 높은 것보다 원금이 손실되지 않는 것에 더 비중을 둘 수밖에 없습니다. 주식에 대한 이해 부족 때문이라고 생각합니다. 그래서 대부분 원금손실이 없는 상품에 주로 투자돼 있습니다. '원금보장'이라는 단어 하나로 살아 움직여 일을 해야 할 돈이 30년 동안 그냥 묶여 있는 겁니다.

그런데 요즘 DC로 전환하는 사람들이 늘고 있습니다. 퇴직연금이 DC로 전환되면 주식시장으로 자금이 흘러들 수 있죠. 퇴직연금 계좌에서는 펀드를 통해 국내 증시나 해외 주식에 투자할 수 있습니다. 물론 해외 증시로도 많은 비중이 흘러가겠지만 분산투자 측면에서 국내 주식시장에도 자금이 유입될 가능성이 높습니다. 그렇다면 주식시장에 먼저 진입한 사람들이 유리합니다.

우리 아이들도 국내 증시 성장에 대비할 필요가 있습니다. 지금부터 꾸준히 준비하면 시간이 지나면서 열리는 과실을 따 먹을 수 있습니다. 실제로 미국도 퇴직연금 제도인 401(K)를 도입하고부터 주식 시장은 안정되게 성장해왔습니다.

"한국 증시는 여전히 매력적입니다"

한국 시장이 장기적으로 괜찮은 또 다른 이유는 현재의 주가가 비싸지 않다는 점입니다. 주가수익비율PER이나 주가순자산비율PBR 등을 보면 국내 상장사들의 주식가격은 회사 가치에 비해 쌀 뿐 아니라 다른 나라 동 업종의 회사들과 비교해도 저평가돼 있는 경우가 있습니다. 다른 나라 증시에 비해 한국 증시가 오랫동안 소외돼 있기 때문입니다.

한국에는 투자할 만한 회사들이 얼마든지 있습니다. 기술력과 성장성이 뛰어남에도 단지 한국 주식이라는 이유로 저렴한 가격이 유지되고 있는 주식이 많습니다. 그 점에서는 한국 증시가 여전히 주식투자하기 좋은 매력적인 시장이라는 뜻입니다.

다만 산업에서 패러다임이 변화하는 것을 눈여겨볼 필요는 있습니다.

부가가치가 높은 산업이 무엇일까에 대해 항상 고민해봐야 합니다. 과거의 상식과 다른 현상이 나타나는 데에 주목해야 합니다.

앞으로는 과거에 알던 회사들과 전혀 다른 형태의 회사들이 출연하게 될 것입니다. 최근 주식시장의 가장 중요한 화두는 AI입니다. 미래사회에 AI를 구현하기 위해서는 다양한 산업군의 협력이 필요합니다. AI를 구동시키키 위한 반도체뿐 아니라 운영체제, 클라우드, 데이터센터, 디바이스를 비롯해 에너지도 필요합니다. 시장이 이쪽으로 향해 있다 보니 각 기업들도 AI를 활용해 어떤 것들을 할 수 있을지 연구하고 고민합니다. 이 현상들을 잘 관찰하고, 각 기업들이 어떻게 대응하는지 봐야 합니다.

OS의 경우 이미 미국의 기업들이 잠식하고 있기 때문에 그쪽에 사업을 펼치기는 어렵더라도 한국은 반도체나 디바이스, 그리고 전력 인프라 등에 강점이 있습니다. 그리고 한국은 콘텐츠를 만드는 능력도 뛰어나죠. 기존의 기업들이라도 과거의 좋았던 시절만 생각하면 안 됩니다. 또 대부분 나라에서 인구의 고령화가 진행되면서 산업구조가 변할 수밖에 없기 때문에 기업들의 상황을 살피는 것은 중요합니다.

또 한국 증시가 이제 어느 정도 안정됐다는 점도 강점이라고 할 수 있습니다. 세계 투자자들이 투자 방향을 결정할 때 참조하는 2대 투자 지표로 FTSE와 MSCI라는 것이 있습니다. FTSE[4]는 주로 유럽계 펀드, 그리고 MSCI[5]는 주로 미국계 펀드 운용에서 벤치마크로 사용됩니다. 한국 주식시장은 2009년 FTSE 선진시장에 포함됐고, MSCI는 신흥시장에 속한 상태

4　**FTSE 인터내셔널 리미티드**FTSE International Limited 영국의 주가 지수 및 관련 데이터 서비스를 제공하는 기업으로, 런던 증권거래소(LSE)가 소유

5　**Morgan Stanley Capital International Index** 모건 스탠리의 자회사인 모건 스탠리 캐피탈 인터내셔널이 만든 지수사업자

지만 선진지수 편입을 위해 노력하고 있습니다.

이런 지수에 편입됐다는 건 주식시장의 안정성이 높다는 것을 인정받았다는 점입니다. 한때는 "미국이 기침을 하면, 한국은 독감에 걸린다"는 말이 있을 정도로 경제 전반, 특히 증시에서 미국의 영향을 많이 받아왔습니다. 하지만 이제는 우리 증시도 나름대로 체력을 다졌고, 미국에 대한 경제적 의존도도 많이 분산됐습니다. 또한 최근에는 한국거래소뿐 아니라 정부에서도 한국 증시를 부양하기 위한 노력들을 활발하게 진행하고 있습니다.

'밸류업 프로그램'이라는 이름으로 배당이나 자사주 소각 등 주주환원책을 활발히 내놓고, 공시의무도 강화하고 있습니다. 무엇보다 한국 투자자들의 금융의식이 높아졌다는 것이 가장 긍정적입니다. 최근 밸류업 프로그램 시행 이후 외국 투자자들의 증시 자금이 유입되는 것을 보면 한국 시장이 매력적이라는 방증입니다.

"외국인들도 한국 증시를 매력적으로 평가합니다"

실제로 외국 투자자들이 한국 주식에 깊숙이 들어와 있죠. 한국 경제에 대한 낙관론자도 많습니다. 이렇게 변화된 이유는 무엇일까요?

저는 한국 사람의 근면성과 영리함 덕분이라고 생각합니다. 누구나 이런 점을 인정할 것입니다. 빠르고 책임감 있게 맡은 일을 해내는 한국인의 특성은 외국에서 높게 평가받고 있습니다. 물론 치열한 경쟁에서 따라 오는 피로감도 있지만 한국 특유의 경쟁심과 열정은 경제를 이끄는 주요 원동력으로 작용하고 있습니다. 또 빠른 정보통신 기술도 중요한 요소입니다. 한국은 예전부터 지금까지 엄청나게 빠른 인터넷 속도를 자랑하고 있습니다. 이 기술만큼은 어느 나라에도 뒤지지 않는 1위로 선두를 달리고 있죠. 인터넷 통신 기술은 미래를 이끌 핵심기술입니다.

그런데 일본과 중국 사이에서 낀 샌드위치 국가다 보니, 이로 인해 우리나라는 역사적으로 힘든 고난을 겪기도 했습니다. 지금도 경제적·정치적으로 압박을 겪을 때도 많죠. 하지만 이런 고난과 경쟁을 통해 한국은 끊임없이 성장했고 지금도 멈추지 않고 있습니다. 일본이라는 높은 기술력을 가진 국가를 앞지르고 있고, 중국이라는 거대한 소비시장을 옆에 두고 있습니다. 이러한 점은 외국에서 봤을 때 엄청난 투자 이점입니다. 한국은 무궁무진한 발전 가능성이 있고, 언젠가 세계 최고의 투자 시장이 될 자질이 충분합니다. 한국은 투자하기 불안한 시장이라는 생각의 틀을 깨야 합니다.

아이에게 가장 적합한 펀드는 뭐예요?

금융투자협회에 따르면 2024년 상반기 기준, 전체 펀드 순자산총액은 1,069억 5,000만 원으로 전년 말 대비 10% 증가했습니다. 특히 해외주식형 펀드에 약 8조 원 가까이 들어오면서 순자산 총액이 지난해 말보다 40% 늘었습니다. 이유는 인공지능 열풍 속에 반도체 관련 주의 가치가 크게 올랐기 때문으로 분석됐습니다. 이런 흐름을 본다면 S&P500, 코스피200 ETF 이외에도 우리 아이에게 적합한 펀드나 ETF가 또 있을 것 같은데요, 어떤 펀드를 주목해보면 좋을까요?

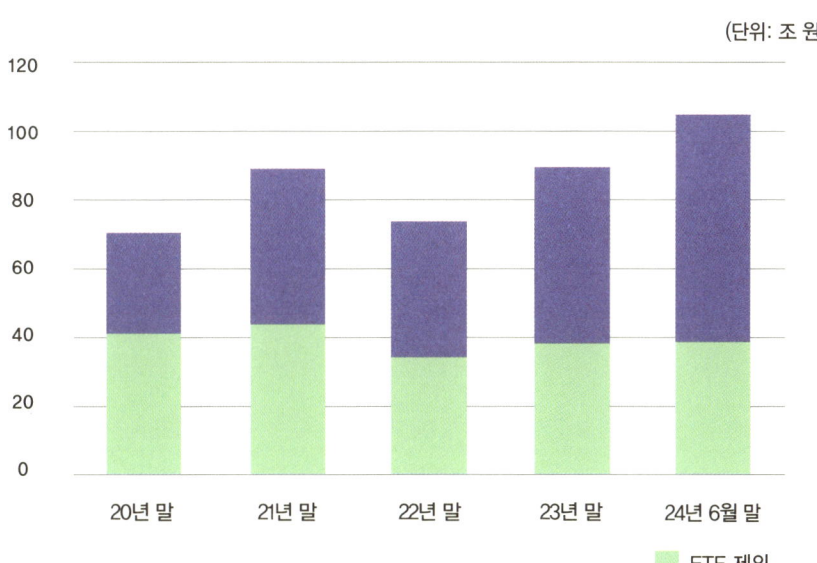

A 미국 시장을 대표하는 지수는 S&P500 외에도 하나 더 있습니다. 바로 나스닥100 지수입니다. 나스닥100은 나스닥에 상장된 비금융업체 중 가장 규모가 큰 100개의 기업을 모아 만든 지수입니다. 특히 IT와 소프트웨어, 통신 헬스케어, 생명공학 같은 혁신기술을 갖고 있는 기업들이 상장돼 있습니다. 특히 애플, 마이크로소프트, 엔비디아, 구글, 테슬라, 메타 같은 이른바 M7_{Magnificent 7}이라고 불리는, AI 시대를 이끌어갈 주요 기업들이 상위에 포진돼 있습니다.

"빅테크 기업에 주목하세요"

나스닥 지수의 상승에는 마이크로소프트, 아마존 상장, 구글 안드로이드 OS 개발, 애플 아이폰 출시, 테슬라 모델S 공개, 넷플릭스 유료가입자 2억 명 돌파 글로벌 혁신기업의 역사가 담겨 있습니다. S&P500과는 달리 금융주들이 제외되고 빅테크 기업들이 포함돼 있기 때문에 꾸준히 우상향하고 있습니다. 이런 빅테크 기업들의 등장으로 우리의 삶은 얼마나 바뀌었나요? 그리고 우리 아이들이 성인이 됐을 때 이 기업들로 인해서 우리 세상은 또 얼마나 바뀔까요? 이 기업들의 영향력은 얼마나 될까요? 이런 생각을 해본다면 나스닥100 펀드 또한 괜찮은 투자 상품이 될 수 있습니다.

만약 이런 테크기업에 주목을 하고 싶다면 나스닥에 상장된 100개 기업이 아니라 상위 기업에만 집중투자 할 수 있는 펀드도 있습니다. 바로 미국테크TOP이라는 펀드는 미국 상위 10개 테크 기업에만 투자하는 펀드입니다.

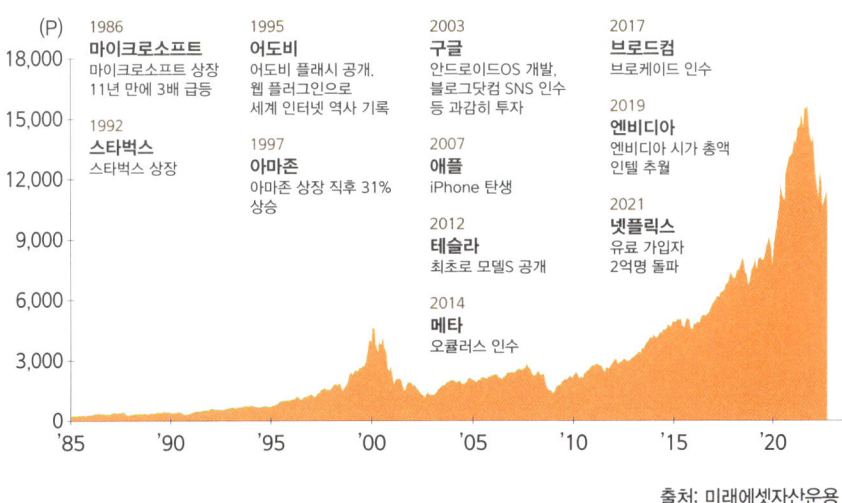

출처: 미래에셋자산운용

예를 들어 미래에셋자산운용의 TIGER 미국테크TOP10INDXX ETF를 기준으로 본다면 2025년 2월 기준 구성종목은 엔비디아, 애플, 알파벳, 아마존, 마이크로소프트, 브로드컴, 테슬라, 메타, 넷플릭스, 티모바일입니다. 구성비중 상위 세 종목의 비중을 살펴보면 애플 20%, 마이크로소프트와 엔비디아 각각 16%로 총 52%를 차지하고 있습니다. TIGER나스닥100ETF에서 위 세 종목의 투자 비중이 24%인 것과 비교하면 미국테크TOP10 ETF가 나스닥 상위 종목에 더 높은 비중으로 투자한다는 것을 알 수 있습니다. 나스닥에 투자하는 것이 미국 빅테크 때문이라면 나스닥100이 아닌 미국테크TOP라는 상품을 포트폴리오에 담을 수 있겠죠. 다만 이 상품의 경우 나스닥100보다 변동성이 클 수 있습니다. 상승할 때도 더 큰 폭으로 상승하고, 하락할 때 더 큰 폭으로 하락합니다.

이런 변동성을 이기는 방법은 오랫동안 꾸준히 투자하는 것입니다. 장기적인 누적 수익률을 따진다면 변동성이 큰 상품이 높은 수익률을 가져다줍니다. 또 나스닥100 ETF보다는 운용보수가 높은 편입니다. 테크 상위 10개 기업의 주가 상승률이 운용보수를 상쇄할 수준이라면 테크TOP10 ETF에, 최대한 운용보수를 낮추는 전략을 쓰고 싶다면 나스닥100에 투자하는 것이 좋습니다.

"반도체 펀드도 고려해보세요"

우리 아이들이 살아갈 세상은 AI가 적용된 기술이 주도할 것이라는 생각에 변함이 없다면, 이를 구동시키기 위해 꼭 필요한 반도체 관련 펀드도 포트폴리오에 일부 편입할 수 있겠죠. 한국의 대표 반도체 기업이라고 하면 삼성전자와 SK하이닉스가 있죠. 하지만 삼성전자와 SK하이닉스는 주로 메모리반도체를 생산하는 기업입니다. 하지만 전체 반도체 산업에서 비메모리 반도체 비중이 더 큽니다.

따라서 전 세계 반도체 산업에 투자하는 펀드를 고른다면 대표적으로 미국의 필라델피아 반도체 지수를 추종하는 펀드를 선택할 수 있습니다. 필라델피아 반도체 지수를 살펴보면 반도체의 설계, 유통, 제조와 관련이 있는 30개 기업으로 구성돼 있습니다. 파운드리 분야 1위 업체인 대만의 TSMC뿐 아니라 인텔, ASML, 브로드컴 같은 글로벌 업체들이 포함돼 있습니다. 이 펀드에 투자하면 세계 주요 반도체 기업에 투자할 수 있다는 장점이 있습니다.

지금까지 언급된 펀드는 대부분 변동성이 높은 펀드에 해당됩니다. 따라서 포트폴리오를 구성할 때는 분산을 하는 것이 중요합니다. 성장주 위주의 펀드를 담았다면 상대적으로 변동성이 덜하고

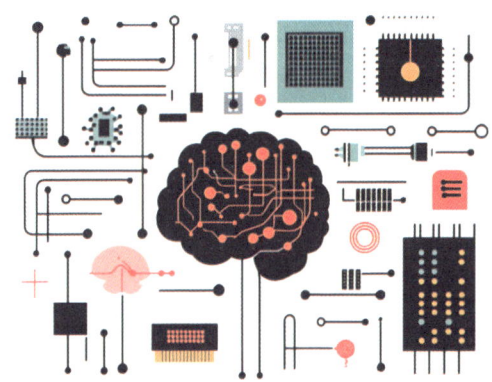

현금흐름을 챙길 수 있는 펀드도 있습니다. 바로 미국배당다우존스 지수를 추종하는 펀드입니다. 미국배당다우존스 지수는 S&P500 지수를 산출하는 스탠다드앤푸어스 사가 산출하는 지수로, 미국에 상장된 기업 중에 10년 이상 꾸준히 배당금을 지급하고, 과거 5년간 배당금을 꾸준히 늘려나간 기업으로 구성돼 있습니다. 대표 기업으로는 코카콜라, UPS, 홈디포, 브로드컴, 암젠 같은 기업입니다.

이런 기업에 투자하면 시장의 변동성이 클 때 시장 대비 낙폭은 줄이면서도 배당으로 현금을 챙길 수 있다는 장점이 있습니다. 다만 성장주 위주의 펀드보다는 주가 자체의 상승폭은 낮을 수 있다는 점을 감안해야 합니다.

앞서 지역 분산을 위해 잠시 언급했던 니프티50 펀드도 괜찮은 대안입니다. 니프티50 지수는 인도 증권거래소에 상장된 기업 중 상위 50개 기업을 담은 대표지수입니다. 대체로 HDFC, ICICI 같은 금융기업 비중이 약 30%로 높고, 에너지, IT, 필수 소비재 기업 등 다양하게 분포돼 있습니다. 젊은 인구를 무기로 한 인도의 경제성장률은 우리나라를 포함한 주요국

대비 압도적인 성과를 보여주고 있습니다. 따라서 인도의 주식시장도 가파르게 성장하고 있습니다. 최근에는 미국시장이 고평가 됐다는 분석이 나오면서 유럽이나 중국 등 신흥국 증시도 관심을 많이 받고 있기 때문에 다양한 시장에 관심을 가져보는 것도 좋습니다.

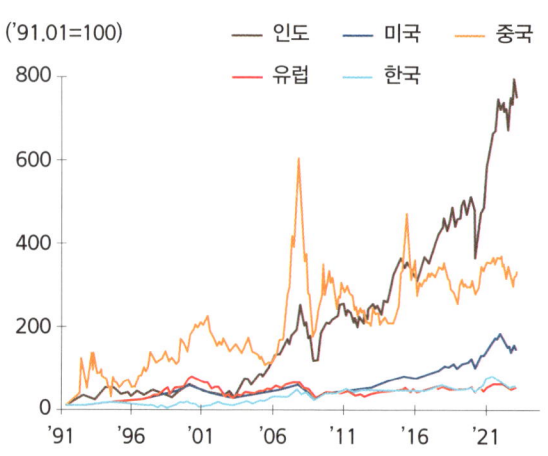

출처: Bloomberg, 1991.01~2023.01
인도: Nifty50, 미국: S&P500, 중국: Shanghai Composite,
유럽: EuroStoxx50, 한국: Kospi200, 각국 통화로 비교

투자를 시작할 때 먼저 아이들과 함께 주식시장을 대표하는 지수의 구성종목에 대해서 이야기해보고 한정적인 돈으로 어떻게 포트폴리오를 구성하면 좋을지 토론해보세요. 대화를 하다 보면 투자하고 싶은 상품이 많아서 아마 '주식을 소비하는 습관'이 자리 잡게 될 겁니다.

"'어린이펀드' 이름만 보고 가입하면 안 돼요!"

얼마 전 아이의 자산관리를 시작한 어머님께서 챗GPT가 '어린이 펀드'를 추천해 줬다며 '어린이 펀드'에 투자하는 것이 좋은 대안인지에 대해서 문의하셨습니다. 그래서 시장에서 유명한 어린이 펀드 몇 가지를 분석해봤습니다.

M사의 '우리 아이 3억 만들기'라는 이름의 펀드의 구성종목을 살펴보니 삼성전자, SK하이닉스, LG에너지솔루션, KB금융 같은 한국 증시에 상장된 종목들로 대부분 구성돼 있고, 약 3% 비중으로 아시아 증시에 투자하는 펀드를 담고 있었습니다.

펀드 이름이 '3억 만들기'로 지어졌다고 해서 펀드에 가입만 하면 3억이 만들어질 것이라고 기대하면 안 됩니다. 지난 10년간 한국 증시는 연평균 4~6% 성장해왔습니다.

만약 20년 동안 투자해 3억을 만들려고 한다면 5% 복리를 적용할 경우 매달

73만 원씩은 넣어야 합니다. 그런데 이 돈을 S&P500에 투자했다면 상승률 9%를 적용했을 경우 약 45만 원씩 넣으면 됩니다. 이를 감안한다면 한국시장에만 투자하는 펀드가 가장 좋은 대안일지는 따져봐야 합니다.

또 S사의 '엄마 사랑 어린이 펀드'를 분석해보니 구성종목이 개별주식이 아닌 S사의 펀드로 구성된 '재간접펀드'였습니다. 편입한 펀드도 한국 시장에 투자하는 펀드가 대부분이었습니다. 이런 펀드는 일반 펀드보다 성과는 별 차이가 없으면서도 수수료가 더 높다는 단점이 있습니다.

실제로 두 펀드의 총 보수는 1.3% 수준이었습니다. 반면 최근 수수료가 낮아지고 있는 S&P500 ETF의 경우 총 보수는 0.1% 수준입니다.

아이들을 위한 펀드로 '어린이'라는 이름이 붙었다고 해서 이것저것 따지지 않고 그냥 가입한다면 더 높은 수익을 포기하고, 또 나의 수익을 운용사에게 공유하는 셈입니다. 그러니 펀드를 가입할 때 이름보다는 구성종목을 꼭 살펴볼 필요가 있습니다.

투자상품을 고를 때 주의해야 할 점이 있나요?

국내 ETF 시장규모 190조 원 시대가 열렸지만 거래량이 저조해 상폐 위기에 처한 ETF도 늘어나고 있습니다. 자산운용사들이 우후죽순 테마형 ETF를 쏟아내면서 경쟁이 치열해졌고, 고객의 외면을 받은 ETF는 시장에서 사라지는 것입니다.

한국거래소에 따르면 지난 2024년 9월 기준 상장폐지된 ETF는 31개로 집계됐습니다. 같은 시점에 상장폐지 사유가 발생한 ETF도 166개로, 상폐 수는 더 늘어날 것으로 보입니다.

펀드의 상황은 더 안 좋습니다. 펀드 설정 이후 1년이 지난 후에도 설정액이 50억 원 아래면 설정 해지되거나 타 펀드와 합병되는데, ETF의 인기가 높아지면서 자금이 이동한 탓에 설정 해지 펀드가 늘어나고 있습니다. 장기적으로 자금을 운용하기 위해서는 내가 투자한 상품도 지속적으로 잘 운용돼야 할 텐데요, 투자상품을 고를 때 주의해야 할 점은 무엇인가요?

상장폐지 ETF 수

2019년	2020년	2021년	2022년	2023년	2024년 9월
11개	29개	20개	6개	14개	31개

출처: 한국거래소

A 펀드를 고를 때도 자신만의 철학을 바탕으로 그에 합당한 상품을 골라야 합니다. 따라서 은행이나 증권사 직원이 추천해주는 펀드에 덜컥 가입하지 말고 스스로 선택할 수 있는 눈을 길러야 합니다. 펀드를 고를 때 다음과 같은 사항을 고려하면 좋습니다.

가장 먼저 펀드를 만들고 운용하는 자산운용사를 잘 골라야 합니다. 그 회사의 경영진과 펀드매니저들이 어떤 철학을 가지고 상품을 만들고 운용하는지 살피는 것이 좋습니다. 단순 유행에 따라 펀드를 만드는지, 가치 있는 기업을 찾아 장기적으로 펀드를 운용하고 있는지 봐야 합니다.

"장기적으로 운영하는 펀드를 찾으세요"

펀드에는 '회전율'이라는 게 있습니다. 만약 회전율이 100%라면 1년 동안 펀드의 포트폴리오가 다 바뀌는 것입니다. 이 얘기는 평균 투자기간이 1년이라는 말입니다. 회전율이 10%면 평균 투자기간이 10년, 20%면 5년 정도입니다.

우리는 아이들이 성인이 될 때까지 좋은 기업을 골라 장기적으로 투자해줄 자산운용사를 골라야 합니다. 회전율이 높을수록 비용이 높아지므로 수익률이 좋을 수 없습니다.

ETF도 마찬가지입니다. ETF 이름 중에서 '액티브'라는 이름이 붙은 ETF

가 있습니다. 액티브 펀드는 펀드매니저가 적극 개입하기 때문에 지수를 추종하는 패시브 펀드보다 종목을 바꿀 확률이 높습니다. 종목을 자주 바꾸면 주식을 사고팔 때 내는 거래 비용이 높아집니다.

"비용과 규모를 살피세요"

두 번째로는 펀드투자를 할 때 들어가는 비용이 높을수록 수익률이 낮아지기 때문에 비용체계를 잘 살필 필요가 있습니다. 펀드투자 비용으로는 수수료와 보수가 있습니다. 수수료는 펀드에 가입(선취)하거나 환매(후취)할 때 내는 것으로 1회성 비용인 반면, 보수는 일종의 서비스 이용료 성격으로 투자기간 내내 발생합니다. 더욱이 수익률이 마이너스인 경우에도 보수는 꼭 내야 합니다.

보수는 판매보수, 운용보수, 수탁자보수, 일반사무수탁보수 등으로 구성되며 펀드마다 다르지만 2% 내외입니다. 그러므로 펀드 수익률이 10%라 할 때, 2%가 보수 명목으로 차감되고 8%만 투자자 몫이 되는 것입니다. 장기투자일 경우 전체 수익률에 미치는 영향이 적지 않으므로 펀드별로 수수료와 보수는 꼭 따져봐야 합니다.

ETF의 경우에도 거래비용을 잘 따질 필요가 있습니다. 최근 ETF 투자가 급격히 늘어나면서 비용이 크게 감소하는 추세입니다. 특히 자산운용 1, 2위 사업자인 삼성자산운용과 미래에셋자산운용이 ETF 수수료를 두고 출혈경쟁을 하고 있고, 3위 사업자인 KB자산운용도 수수료 경쟁에 뛰어들면서 고객들이 투자하기는 더 좋은 환경이 됐습니다.

그럼에도 불구하고 고객들이 생각지 못한 비용이 숨어 있습니다. ETF도

보수로는 운용사가 가져가는 운용보수와 ETF 판매사에게 주는 증권사 보수, 펀드 자산을 관리하는 은행의 신탁보수, ETF 기준가격 산출 등의 업무를 수행하는 일반사무수탁보수가 있습니다. 펀드 보수는 365일로 분할해 ETF 가격에 차감되는 구조입니다. ETF 가격에 이미 보수가 차감돼 있다고 생각하면 됩니다. 일반적으로 미국 S&P500이나 나스닥100 같은 지수 추종 상품은 수수료가 싼 편이지만, 그 외 ETF는 상대적으로 비싼 편입니다.

중요한 것은 공시돼 있는 수수료만 보고 덜컥 투자해서는 안 된다는 점입니다. 펀드 보수 외에도 ETF 내에서 주식이나 채권 등 매매 시 발생하는 비용과 지수 산출기관에 지급하는 지수사용료, 정기적으로 시행해야 하는 펀드 감사비용 등이 포함된 기타 비용까지 포함하면 예상보다 비용이 높아지는 경우가 있습니다.

세 번째는 펀드의 규모입니다. 투자가 안정적으로 이뤄지기 위해서는 어느 정도의 규모를 갖춰야 합니다. 정해진 기준은 없지만 최소 100억 원 이상은 돼야 한다는 게 일반적인 견해입니다. 우리나라는 소규모 펀드가 많은데, 지나치게 작은 펀드는 분산투자를 하기 어렵고 운용사가 신경을 덜 써 관리 소홀 문제가 발생할 수 있습니다. 좋은 펀드의 설정액은 자금이 많이 몰려 10년, 20년이 지나면서 수익이 눈덩이처럼 불어나 있을 것입니다.

ETF의 경우도 마찬가지입니다. ETF를 고를 때도 순자산과 거래량을 따져보는 것이 좋습니다. 투자자들이 좋은 ETF를 고를 수 있는 가장 좋은 방법은 순자산이 크고 거래량이 많은 ETF를 선택하는 것입니다. 앞서 언급한 대로 ETF 거래비용은 펀드 보수 외에도 기타 비용이 추가되는데, 펀드 규모가 커질수록 감소하는 경향이 있습니다. 따라서 기타 비용을 일일이 찾아보기 어려운 투자자들은 순자산이 큰 ETF를 선택하는 것이 좋습니다.

"ETF의 총 수수료를 살피세요! 수익률과 직결됩니다"

ETF가 국내에서 막 성장할 시기, 저는 자산운용사를 취재하는 기자였습니다. 처음에는 대표지수를 추종하는 ETF밖에 없었지만, 점차 테마 ETF도 시장이 커지면서 ETF 수가 급격히 늘었습니다. 당시 각 자산운용사들이 고객들에게 좀 더 특색 있고 다양한 상품을 선보이려 치열한 경쟁을 했습니다. 이때 등장해 지금까지 고객들의 사랑을 받고 있는 좋은 상품은 순자산이 지속적으로 늘고 있습니다.

저도 ETF 상품을 접하면서 ETF와 사랑에 빠졌습니다. 하나를 사는 데 큰돈이 들지 않아서 꾸준히 모으는 데 큰 부담이 없을 뿐더러, 각 운용사들이 내놓는 ETF를 비교하는 것도 참 흥미로웠습니다.

제 포트폴리오에 가장 기본적인 S&P500과 나스닥100 ETF 외에도 다양한 테마 ETF를 사 모으기 시작했습니다.

처음에는 운용보수에 대해 별다른 생각이 없었습니다. 운용사들끼리 경쟁을 하니 점차 낮아지고 있었고, 대형 자산운용사의 상품을 사면 크게 무리가 없을 것으로 파악했습니다. 실제로 최근 ETF운용사의 경쟁이 치열해지면서 운용보수가 0.0064%까지 떨어졌습니다. 1위 자리를 두고 상위 두개의 운용사가 전쟁을 시작하면서 투자자들에게는 오히려 투자하기 좋은 상황이 된 겁니다.

> 삼성자산운용, '수수료 전쟁' 맞불
> …美 ETF 2종 총보수 0.0062% 인하

그런데 운용사의 운용보수 외에도 추가로 붙는 비용들이 많기 때문에 총 거래비용을 따져볼 필요가 있습니다. 실제로 ETF를 거래할 때 운용보수 외에 판매보수, 신탁보수, 지수산출기관 이용료, 환전비용, 환헷지 비용 등이 추가됩니다. 대형 자산운용사들이 수수료 경쟁을 통해 운용보수를 낮출 수는 있지만 다른 회사에 줘야 하는 비용까지 낮추기는 한계가 있습니다. 따라서 최근 운용보수를 0.006% 수준까지 낮추고 있는 ETF의 총 보수는 약 0.1% 안팎입니다.

그렇다면 거래비용은 어떻게 계산할까요? 총 보수는 각 운용사의 상품안내서나 금감원 전자공시시스템의 해당 ETF공시를 보면 자세히 알 수 있습니다. 실제로 총 보수에 대한 인식이 없을 당시 저는 제가 꾸준히 투자해오던 ETF의 총보수를 보고 제 눈을 의심한 적이 있습니다. 하나의 ETF에서 2%가 넘는 수수료를 떼고 있었던 것입니다. 수수료 2%라면 웬만한 적금이나 정기예금의 이자와 맞먹는 수준입니다.

저는 높은 수수료를 확인하자마자 다시 저의 포트폴리오를 조정했습니다. 돌고 돌아 다시 S&P500만 한 것이 없다는 결론에 이르는 순간이었습니다.

step 3
개별종목에 투자를 시작해요

내가 좋아하는 기업의 주인 되기

Q1 어떤 기업을 골라야 하나요?

펀드투자를 시작했다면 펀드를 구성하고 있는 기업에 대해서도 어느 정도 관심이 생기게 됩니다. 개별기업을 볼 줄 아는 눈이 생겼다면, 펀드보다는 개별기업에 투자해 더 높은 수익률을 기대해볼 수도 있습니다. 만약 10개 기업에 투자하는 펀드 중 독보적인 좋은 기업이 하나 있다면 나머지 아홉 개 기업이 펀드 전체의 수익률을 떨어뜨리기 때문입니다. 그래서 개별종목을 보는 눈을 키우는 것도 중요합니다. 이제부터는 개별기업을 보는 방법에 대해서 알아보려고 합니다. 개별종목을 고를 때는 어떤 기준으로 기업을 골라야 할까요?

A 좋은 주식을 고르는 것은 특별한 노하우가 있는 게 아니라 아주 단순하고 누구나 할 수 있습니다.

수년 전 제가 몸담았던 회사가 투자했던 기업을 사례로 들어보겠습니다. 당시 한국을 찾는 관광객이 굉장히 많았는데 중국 관광객들 사이에서 한국 화장품이 엄청난 인기를 누리고 있었습니다. 그래서 그중 대표기업인 아모레퍼시픽을 매집했고 높은 수익률을 올렸습니다. 그때 제가 아모레퍼시픽이라는 기업을 주목하게 된 데는 특별한 노하우가 있지 않았습니다. 중국 사람들이 한국의 화장품을 쓸어 담는 것을 보고, 재무제표를 살피고, 기업을 방문하고, 경영진을 분석한 것이지요. 여러분도 충분히 할 수 있습니다.

"세상의 변화를 늘 주시하세요"

그런데 만약에 그 주식을 지금까지 갖고 있었다면 아마도 수익률이 엉망일 거예요. 왜냐하면 한국 화장품에 대해서 중국 사람들이 더 이상 열광하지 않기 때문입니다. 코로나 때 한국에 방문이 어려워지자 한국 화장품을 접할 기회가 줄어들었고 그 사이 중국의 화장품을 만드는 기술도 좋아졌습니다. 또 사드 보복으로 인한 반한 감정 때문에 생긴 한국제품 기피 현상도 한국 화장품에 대한 선호도를 떨어뜨렸어요. 이 상황이 장기적으로 지속될 것으로 예상될 때는 주가가 떨어지기 시작합니다. 이처럼 어떤 기업이 앞으로도 성장세가 좋지 않을 것이라고 생각되면 주식을 팔아야 합니다. 그러니 항상 기업환경이 바뀌는 것을 살펴야 해요.

그런데 최근 한국의 화장품이 다시 주목받고 있어요. 이번엔 중국이 아니라 미국입니다. 예전처럼 고가의 기능성 화장품이 아니라 조금은 저렴하지만 매일 써야 하는 인디브랜드 화장품이 미국의 아마존에서 잘 팔립니다. 특히 미국인들에게는 선크림이 필수품인데 한국의 선크림을 필두로 한 스킨케어 제품이나 색조화장까지 세계시장에서 잘나갑니다.

실제로 수출입 통계에 따르면(2024년 5월 기준) 중소기업 수출 1위 품목이 화장품이에요. 자동차나 반도체 부품 수출보다 화장품 수출이 더 많아요. 이렇게 한국의 화장품이 인기를 끈 것은 저렴한 가격과 품질도 영향을 미쳤지만 한국의 콘텐츠가 인기를 끈 것이 가장 큰 영향을 미쳤습니다. 한국의 콘텐츠를 접한 세계인들이 한국을 친숙하게 여기기 시작했고, 한국에 대한 호감이 높아졌어요.

실제로 명동 거리에 나가보면 예전에는 중국인들이 많았지만 요즘에는 다양한 국적의 사람들이 한국의 화장품을 사려는 모습을 관찰할 수 있습니다. 한국 화장품이 몰려 있는 올리브영 매장은 외국인 매출이 가파르게 성장하고 있습니다. 우리는 이런 현상과 관련한 기업을 찾아볼 수 있습니다. 화장품 제조사일 수도 유통업체일 수도 있고 ODM업체일 수도 있습니다. 상대적으로 규모가 작은 브랜드들이 해외로 진출하는 것을 도와주는 기업일 수도 있죠. 어떤 기업이 가장 유망할지에 대해서 아이들과 이야기해보는 과정은 정말 즐겁고 흥미로운 시간일 것입니다.

이런 판단과 투자 결정은 펀드매니저만이 할 수 있는 일이 아닙니다. 특별한 전문성이 요구되지 않습니다. 사람마다 기업을 볼 때 중요하게 생각하는 것은 다 다르겠지만 제가 보는 몇 가지가 있습니다.

"이 회사와 동업하고 싶은가?"

핵심은 "나는 이 회사와 동업하고 싶은가 아닌가"입니다. 동업자를 구한다고 생각할 때 무엇이 가장 중요할까요? 바로 경영진의 비전입니다. 저는 앞으로 빠르게 변할 세상에 대해 이 회사는 어떤 비전을 가지고 있는지를 주로 봅니다. 이 사람이 어떤 비전과 자질과 능력이 있고, 또 신뢰할 사람인지를 봅니다. 기업은 구성원 모두의 노력으로 성장해가지만, 성장의 정도나 방향에 가장 큰 영향력을 미치는 것은 경영진이기 때문입니다. 신규 사업으로 진출하거나 기존 사업을 확장하는 등 경영진만이 중대 결정을 내릴 수 있죠.

앞에서 소개한 화장품 시장의 변화가 감지됐을 때, 자세히 들여다보면 관련돼 있는 기업을 다수 찾을 수 있습니다. 하지만 그중에 어떤 주식을 사야 할까요? 유행에 반짝 인기를 끈 제품을 내놓고 그다음이 없는 기업이라면 절대 동업하지 않겠죠. 그다음 계획이 착착 준비돼 있는 기업과 동업하고 싶을 겁니다. 특히 우리 아이들의 주식은 우리 아이들이 어른이 될 때까지 10년 이상 장기로 투자를 할 것이기 때문에 망할 기업인가 아닌가가 가장 중요합니다.

또 경영진의 배임이나 횡령 등 도덕상의 문제가 발생하면 그 기업을 신뢰할 수 없습니다. 이런 일은 당연히 주가에 악영향을 줍니다. 도덕성에 문제가 있는 경영진과는 동업하지 않겠죠.

반면에 경영진이 자신의 기업에 자신이 있고, 성장을 확신할 경우 어떨까요? 회사의 주식을 사들이겠죠? 이런 회사는 주가도 꾸준히 오릅니다. 회사를 키우겠다는 의지, 전망이 밝다는 시그널을 투자자에게 보여주기 때문입니다.

하지만 어떤 경우 주가가 많이 올랐을 때 경영진이 자사주를 대거 매도하는 경우가 있습니다. 이건 자기 회사의 전망이 좋지 않다는 의미겠죠. 회사가 앞으로도 계속해서 성장할 것을 본다면 계속 보유하지, 왜 내다 팔겠어요? 따라서 경영진의 자사주 매매 상황을 잘 지켜볼 필요가 있습니다.

"새로운 동업자가 속속 발견됩니다"

주식을 시작하고 파고들다 보면 평소에 들여다보지 못한 분야까지 파고들게 됩니다. 예를 들어 글로벌 GPU 회사인 엔비디아의 경우에는 우리가 자주 쓰는 소비재는 아니지만 우리 생활 곳곳에 제품이 진입했습니다. 엔비디아의 글로벌 GPU 시장점유율을 보면 80% 이상을 차지하고 있어요. 앞으로 다가올 AI시대에 우리 생활에 벌어질 많은 변화를 이끌어내는 데 꼭 필요한 제품이에요.

자율주행차를 예를 들어볼까요? 차가 스스로 운행하려면 신호등도 읽을 줄 알아야 하고, 차선도 지킬 줄 알아야 하고, 갑자기 장애물을 나타났을 때 멈출 수도 있어야 하죠. 사람이 판단하는 모든 것을 인공지능이 판단하고 실행에 옮기려면 많은 양의 데이터를 빠르게 처리해야 하겠죠. 그런데 당분간 이 기술력을 갖고 있는 경쟁자는 나타나기 힘들어 보입니다. 또 경영진의 비전이 뚜렷하다는 것도 강점입니다.

엔비디아라는 회사에 대해서 파악하다 보면 다른 회사들도 발견됩니다. 예를 들어 엔비디아에 8단짜리 메모리반도체를 독점 공급하는 곳은 SK하이닉스입니다. 또 엔비디아의 GPU와 SK하이닉스의 메모리반도체를 붙이는 일은 대만의 TSMC가 합니다. 포스트 엔비디아로 평가되는 브로드컴에 대해서 공부해볼 수도 있죠. 이렇게 하나의 사안에 집중하다 보면 새로운 투자 기회들이 보입니다. 그렇게 발견된 회사들을 또 공부하면서 확장해나가는 겁니다. 나의 자산을 불려줄 동업자를 구하듯이요. 포트폴리오를 그렇게 늘려나가면 됩니다.

구체적으로 어떤 비즈니스 모델이 좋은 건가요?

한국거래소에 따르면 2024년 말 기준 코스피에는 962개, 코스닥 시장에는 1,788개의 기업이 상장돼 있습니다. 업종별 분류도 제조업, 건설업, 정보통신, 운수 등 20여 개가 넘는 업종이 있습니다. 이 많은 업종과 기업 중에서 어떤 비즈니스 모델이 좋은 모델이고, 장기적으로 아이에게 높은 수익률을 가져다줄까요?

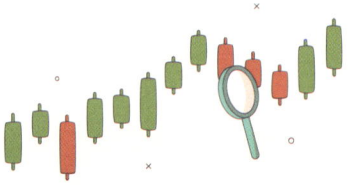

A 제가 뉴저지에 살 때는 뉴욕에 있는 회사에 출근하기 위해 매일 조지 워싱턴 다리를 건너야 했습니다. 한 번 건너는 데 통행료로 무려 8달러를 냈죠. 저는 다리를 건널 때마다 이런 생각을 했습니다. '이 다리를 내가 가지고 있다면 얼마나 좋을까? 이 회사가 상장되면 얼마나 좋을까?'라고 말이죠. 뉴저지와 뉴욕을 오가려면 누구나 다리를 건널 수밖에 없습니다. 게다가 통행료는 꾸준히 오릅니다. 다리가 존재하는 한 투자가 계속될 필요도 없고, 경쟁자도 없습니다. 리스크는 크지 않고 수익은 계속되는 이상적인 구조입니다.

이런 것이 좋은 비즈니스 모델입니다. 가격 경쟁력이 있는지, 가격을 컨트롤할 수 있는지, 그 회사만이 가지고 있는 비즈니스 포지션이 있는지 등 저는 이런 관점에서 주식을 살펴봅니다. 그러다가 갖고 싶은 기업을 발견하면 바로 투자를 하죠.

"독점 기술을 갖고 있거나 진입장벽이 높은 사업을 찾으세요"

2024년 상반기 국내 증시에서는 SK하이닉스가 단연 스타였습니다. AI 시대에 꼭 필요한 GPU를 생산하는 엔비디아가 미국 증시에서 상승세를 이어갔고 그 훈풍을 SK하이닉스가 고스란히 받았습니다. 바로 SK하이닉스가 엔비디아에 HBM이라는 반도체를 납품하는 전 세계 유일한 기업이었기 때문입니다. 삼성전자나 마이크론이 엔비디아에 반도체를 납품하기 위해서 많은 애를 썼지만 그 문이 쉽게 열리지 않았습니다. 꽤나 오랜 시간이 걸린 후에 마이크론이 일부 엔비디아에 제품을 납품했지만, 삼성전자는 별다른 소식을 전해주지 못했습니다. 그러니 삼성전자의 주가는 떨어지고 SK하이닉스의 주가는 최고점을 기록하는 일이 있었습니다. 이렇게 다른 사람이 진입하지 못하는 시장을 독점하는 기업이 좋습니다. 누구도 따라올 수 없는 기술력을 보유하면서도 그 기술력에 특허가 있다면 좋겠죠.

하지만 SK하이닉스의 독주가 언제까지 이어질지는 모릅니다. 엔비디아 입장에서는 거래처를 한 곳만 두는 것이 위험할 수 있겠죠. 그래서 마이크론의 제품을 일부 받고 있고, 삼성전자의 제품도 받으려고 퀄테스트를 진행하고 있습니다. 그런데 만약 SK하이닉스가 해당 기술에 대해 특허를 보유하고 있어서 유일하게 SK하이닉스만 그 제품을 생산할 수 있다면 어떨까요? 삼성전자든 마이크론이든 SK하이닉스의 기술을 사용하려면 기술료를 지불해야 하니 SK하이닉스의 경쟁력은 더 높아질 것입니다.

하지만 HBM 기술은 SK하이닉스만 있는 것이 아닙니다. 그러니 SK하이닉스의 운명이 엔비디아의 결정에 달려 있는 거죠. 특히 이 시장의 주도권이 우리 기업에 있지 않다는 것은 조금 아쉬운 부분입니다. 이런 상황에서는 SK하이닉스보다는 엔비디아에 투자하는 것이 더 바람직할 수 있겠죠. 물론 엔비디아의 독주가 지속될 것이라는 가정하에 말이죠.

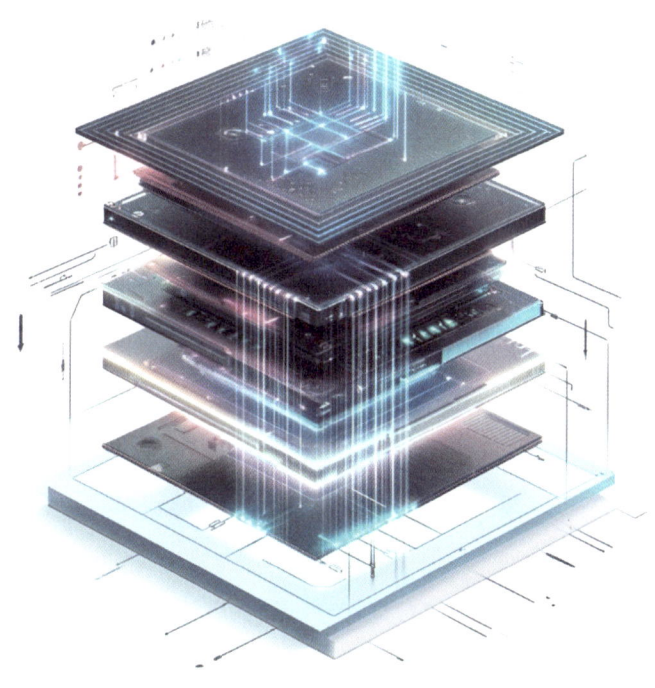

그다음에는 미래에 실적을 꾸준히 낼 수 있는 포트폴리오를 갖고 있는지 봐야 합니다. 전 세계적으로 노령화가 진행되고 있습니다. 따라서 기업들은 미래에도 지속적으로 기업활동을 할 수 있도록 노력하고 있습니다.

만약 아기들이 먹는 분유를 주로 만들던 회사가 계속 분유만 만들고 있다면 어떨까요? 분유를 사줄 고객이 계속 줄어들기 때문에 매출이 잘 나올 수가 없겠죠. 국내의 한 우유업체는 노령화를 대비하기 위해 현재는 노인들을 위한 단백질 셰이크를 만들고 있습니다. 이 제품은 의외로 노인들뿐 아니라 운동을 하면서 단백질을 섭취하려는 젊은이들에게도 점점 인기가 높아지면서 선전하고 있습니다. 또 아이들에게 방문학습지 서비스를 제공하는 한 교육회사는 아이들이 줄어들자, 최근에는 지역에 거점을 마련해 치매 예방을 위해 노인들이 할 수 있는 학습지 서비스 기업으로 변모를 꾀하고 있습니다.

"미래를 보면 투자처가 보입니다"

이렇게 세상의 변화에 자신의 사업 포트폴리오도 빠르게 변경할 수 있는 기업인지 살피는 것은 중요합니다. 회사가 갖고 있는 비전을 잘 따져보고 위기가 왔을 때도 잘 버틸 수 있는 기업인지 따져봐야 합니다. 그러려면 투자자도 앞으로 변할 세상에 대한 관심과 인사이트가 있어야 합니다. 우리 아이들이 살 세상이 어떻게 변할지 생각하고 대비한다면 어떤 기업에 투자할지 기준이 명확해질 것입니다.

**정보가 너무 많아서
어떻게 선별해야 할지 모르겠어요.**

요즘은 기사나 방송뿐 아니라 유튜브에서도 경제와 주식 방송 콘텐츠를 어렵지 않게 접할 수 있습니다. 그런데 사실 방송이나 기사를 보면 그 종목이 다 좋아 보이고, 다 오를 것 같은 느낌이 듭니다. 정보를 접할 때 주의해야 할 점은 무엇입니까?

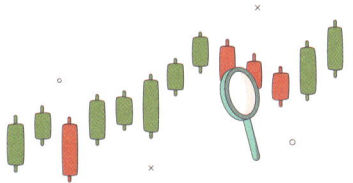

A 신문기사나 방송은 주식시장의 플레이어들이 관심을 갖고 있는 내용을 주로 다룹니다. 독자나 시청자의 관심을 끌어야 콘텐츠 소비가 늘어나기 때문에 미디어는 항상 뜨거운 주제를 다루려고 노력합니다. 따라서 미디어를 접할 때 이들의 의도와 목적을 염두에 두고 콘텐츠를 접하는 것이 좋습니다. 우리가 '아이들이 성인이 됐을 때' 또는 '20~30년 후에도 성장하는 기업'이라는 장기적인 관점으로 투자를 한다고 마음먹었다면, 지금 잠깐 동안 뜨거운 이슈는 크게 중요하지 않을 수 있습니다. 그 점을 생각하면 불필요한 이슈를 걸러낼 수 있습니다.

하지만 신문이나 방송이 다루는 내용은 트랜드의 변화를 읽는 데 유용합니다. 예를 들어 최근 미디어에서는 AI 시대가 도래했고, 어떤 변화들이 가능할지 또 새로운 시대를 준비하기 위해서 전 세계 기업들이 어떤 노력들을 하고 있는지를 거의 매일 다룹니다. 만약 신문이나 방송을 보지 않는다면 세상의 변화를 캐치하는 것이 쉽지 않을 것입니다. 또 좋은 기업으로 알고 투자를 시작했는데, 그 기업에서 횡령이나 배임 같은 사건이 발생했을 경우에도 우리는 미디어에서 그 내용을 접할 수밖에 없습니다. 따라서 세상의 변화와 각 기업들의 활동을 파악하기 위해서 기사를 읽는 것은 중요합니다.

"인터넷 검색을 하거나 챗GPT에 물어보세요"

초보자라면 기업의 정보를 어디서 어떻게 파악해야 할지 막연할 것입니다. 이럴 때는 신문이나 방송에서 기업에 대한 기본 정보를 파악하는 데 도움을 받으면 됩니다. 처음에 어디서부터 공부를 해야 하고, 어떤 정보를 선별해야 할지 모르겠다면 일단 가벼운 마음으로 인터넷을 검색하고 챗GPT에 물어보세요. 혼자서 파악하는 것보다 훨씬 수월할 것입니다.

하지만 본격적으로 어떤 기업에 대해서 투자를 시작하려고 한다면 반드시 직접 사실을 확인하는 것이 좋습니다. 신문이나 방송의 경우 어떤 기업의 홍보 목적으로 기사를 내보내는 경우도 있고, 좋은 내용만 부각시켜 기사화될 수도 있습니다. 따라서 이게 진짜 정보인지 파악하기 위해서는 내가 그 회사의 사업보고서를 살펴보거나 직접 회사에 전화를 해보는 방식으로 사실 여부를 파악할 수 있습니다.

우리가 신문이나 방송을 볼 때 받아들이지 말아야 하는 정보도 있습니다. 바로 "지금이 살 때", "지금이 팔 때"라는 소위 전문가라고 하는 사람의 조언입니다. 이 주식이 단기적으로 더 내려갈지 올라갈지는 그 누구도 알 수 없습니다.

가장 좋은 것은 스스로 공부하는 것입니다. 갖고 싶은 기업이 있다면 그 회사에 대해서 공부해서 사도 되는 기업인지 따져보는 것입니다. 미디어에서 말하는 내용 외에도 이 회사는 어떤 일을 주로 하고 어디서 매출이 나오고 주주는 어떻게 구성돼 있는지, 국민연금도 이 주식을 갖고 있는지, 외국인도 투자한 기업인지 등을 살펴보면 기업의 가치를 대략적으로 파악할 수 있습니다.

"기업에 대한 공부를 시작해보세요"

물론 앞서 언급한 내용들이 절대적인 척도는 아닙니다. 외국인이나 국민연금의 보유 여부만 보거나 대략적인 매출이나 부채만 체크한다면 더 중요한 것들을 놓칠 수도 있습니다. 예를 들어 어떤 회사에 대해 따져보니 빚이 많은 회사지만 그 빚이 굉장히 빠르게 상환되고 있다는 것을 발견한다면 이는 적절한 투자 시기를 의미하는 것일 수도 있습니다. '이 회사가 옛날에는 나빴는데 좋아지고 있구나'라고 판단할 수 있게 되는 것이죠.

환경의 변화, 트렌드를 살피는 것도 중요합니다. 매출액이 늘어나고 있는지 줄어들고 있는지, 이익률이 줄어든다면 제품의 경쟁력이 떨어진 건지, 가격 경쟁력이 없어서 그런 것인지를 파악해야 합니다. 기업 운영의 본질은 작은 점포를 운영하는 것과 별반 다를 것이 없습니다. 카페를 차렸는데 옆집에서 계속 가격을 내리면 나도 내릴 수밖에 없습니다. 그런 비즈니스 모델은 결코 좋은 게 아닙니다. 처음에는 이런 것들이 어려울 수 있습니다. 평소에 눈여겨보던 기업부터 하나씩 시도해보세요. 아이와 함께라면 이 과정이 더 즐거울 것입니다.

**초보자들이 꼭 챙겨야 할
기업 정보는 무엇인가요?**

한국에는 약 6,000개의 언론사가 존재하는 것으로 추정됩니다. 정식으로 등록된 언론사 외에도 경제 콘텐츠를 다루는 매체는 셀 수도 없는 상황입니다. 또 금융투자협회에 따르면 국내에서 리포트를 발행하는 증권사는 약 30개 정도 되는 것으로 파악됩니다. 경제매체뿐 아니라 기업을 분석하는 리포트도 매일 쏟아지고 있는 상황에서 주식투자를 시작하려는 사람들이 꼭 챙겨야 할 정보는 무엇인가요?

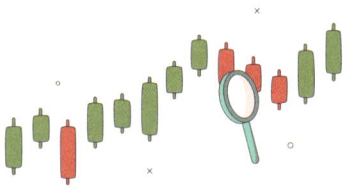

투자할 때 필요한 정보는 숨겨져 있지 않습니다. 최근에는 포털 사이트에서도 쉽게 찾을 수 있고, 증권사 앱들도 한눈에 볼 수 있도록 정리를 잘 해놓았습니다.

"가장 먼저 시총을 살펴보세요"

첫 번째로 챙겨야 할 정보는 시가총액입니다. 시총은 주식 수와 주식가격을 곱한 것으로 기업의 규모를 따지는 기본 정보입니다. 시총이 늘어난다는 건 투자자 신뢰가 높아지고 경쟁력이 높아진다는 의미입니다. 그만큼 자금조달 비용을 낮출 수 있고, 기업에서는 좋은 인재를 적은 비용으로 영입할 수도 있습니다. 그리고 M&A도 활발하게 진행할 수 있습니다.

두 번째는 재무제표입니다. 저는 스커더에 있을 때부터 기업 방문을 대단히 중요하게 생각했습니다. 그리고 기업 방문을 하기 전에는 사전에 회사에 대해 따져보기 위해 재무제표를 읽곤 했죠. 재무제표에는 회사를 알아보는 데 중요한 내용이 담겨 있습니다. 회사의 재무상태나 현금흐름을 알 수 있고, 손익계산서를 통해 매출과 영업익이 지속적으로 늘어나는지 알 수 있습니다. 관심을 갖고 자료를 보면 회사가 좋아질 것인지 나빠질 것인지 정도는 파악할 수 있어요. 주가가 언제 오르고 언제 내릴지는 알 수 없어도, 이 회사가 앞으로 더 좋아질지 어떨지는 초보자도 예측할 수 있습니다. 그렇다면 재무제표에서 무엇을 살펴야 회사가 성장할지를 잘 파악할 수 있을까요?

"매출이나 영업익이 꾸준히 증가하는지 보세요"

일단 매출 규모와 매출 증가율을 봐야 합니다. 매출은 회사의 영업환경과 수익모델을 평가하는 다양한 의미를 내포하고 있습니다. 말하자면 회사에 대한 호기심을 갖게 되는 지표입니다.

매출 규모는 회사의 규모와 성장성을 파악하는 지표로, 매출 증가율을 볼 때는 최근 것만 볼 게 아니라 일정 기간 동안 지속적으로 증가하는지를 봐야 합니다. 만일 일시적으로 매출이 정체 혹은 감소했다면 꼭 그 원인을 파악해보세요. 회사의 외형보다 중요한 것은 수익의 지속성입니다. 장기투자의 성공은 결국 기업이 얼마나 돈을 벌지, 즉 기업의 수익성에 달려 있기 때문입니다.

매출이나 이익 외에도 회사가 어떤 사업에 언제, 얼마나 투자하는지도 봐야 합니다. 투자자금이 큰 경우 투자자가 매출과 수익으로 이어져 투자비를 회수하기까지 오랜 기간이 걸릴 수 있습니다. 또한 투자가 일회성으로 그치는 것이 아니라 재투자를 해야 하는 경우도 많죠. 따라서 대규모 투자를 하는 회사라면 일단 투자의 질과 내용, 효용성을 파악할 필요가 있습니다.

상장기업들은 이런 내용을 '공시'를 통해서 발표합니다. 각 언론매체나 증권사 리서치센터는 회사가 내는 이런 자료를 활용해 정보 소비자들이 잘 볼 수 있도록 재구성합니다. 따라서 회사가 낸 자료를 어떻게 해석하는지를 보려면 기사나 리포트를 찾아보면 됩니다.

일반적으로 회사는 실적을 발표할 때 자신들이 잘한 부분을 부각시켜서 발표하고, 잘못한 것은 숨기려는 경향이 있어요. 회사가 내놓은 자료만 믿었다가는 중요한 것을 놓칠 수가 있습니다. 예를 들어 이번 분기 실적을 발표하면서 영업익은 크게 줄었는데도 매출이 늘어난 것만 강조해서 부각시킨다거나, 현재 실적이 나쁘지만 장밋빛 청사진을 제시하면서 다음엔 실적이 아주 많이 오를 것처럼 실적을 발표하는 방식이죠. 이럴 때는 이 기업을 오랫동안 분석해온 애널리스트의 보고서를 보면 도움이 됩니다. 회사가 내놓은 보고서와는 다른 톤을 체감할 수 있을 겁니다.

애널리스트 보고서도 하나만 볼 것이 아니라 여러 개를 읽어보면 좋습니다. 같은 사안을 두고 분석하는 관점이 다를 수 있기 때문입니다.

회사의 실적 발표 자료나 증권사 리포트는 주기적으로 나오는 자료이기 때문에 과거 벌어진 사건에 대해서 잘 설명하지 않는 경향이 있습니다. 모두가 내용을 알 것이라고 생각하고 작성하는 리포트가 대부분입니다. 과거에 이 기업에 어떤 일이 있었는지를 알아보려고 한다면 과거 기사를 찾아보면 됩니다. 모든 기사가 그런 것은 아니지만 어떤 기사는 과거의 스토리를 잘 정리해주기도 합니다. 그런 스토리를 파악해 현재의 상황과 미래의 이 회사의 전략들을 보다 보면 내가 투자해도 되는 기업인지 판단할 수 있는 길이 열립니다.

"스스로의 판단이 중요합니다"

중요한 것은 기업이든, 애널리스트든, 기자든 이들의 분석을 곧이곧대로 듣지 말고 그 자료들을 보면서 내가 스스로 판단해야 한다는 점입니다. 이들은 각각의 목적과 의도를 갖고 보고서를 씁니다. 정보를 전달한다는 점은 공통적이지만 기업은 우리가 장사를 잘했고, 앞으로도 잘할 것이라고 강조해야 하고, 애널리스트는 분석을 통해 이 기업에 대한 주식 거래가 많이 일어나도록 하는 것이 목적입니다. 그리고 기자들은 기사가 많이 읽혀야 한다는 목적이 기저에 깔려 있죠.

이런 정보의 홍수 속에서 우리의 목적은 나를 부자로 만들어줄, 나에게 수익을 가져다줄 기업을 찾는 것입니다. 그렇다면 정보를 고르는 힘도 길러야겠죠. 바로 알 수는 없어도, 오랫동안 많이 보다 보면 보입니다.

기업의 적정가치를 분석할 때 어떤 것들을 봐야 하나요?

기업에 대한 대략적인 정보를 파악했다면 이제부터는 이 기업의 주가가 적정한지 살펴봐야 할 것 같습니다. 기업 분석 보고서를 처음 보면 많은 숫자와 익숙하지 않은 용어에 적지 않게 당황하게 됩니다. 기업과 주가를 분석할 때 꼭 알고 있어야 할 용어가 있나요?

A 기업 분석 보고서를 볼 때 꼭 봐야 하는 지표가 몇 가지 있습니다. 다음과 같은 지표에서 합격점을 받는 기업이면 투자 대상으로 적합하다 할 수 있습니다.

EPS(Earning Per Share, 주당순이익)

당기순이익을 발행주식 수로 나눈 것입니다. 당기순이익이란 각 분기에 기업이 벌어들인 돈에서 이자비용 등을 포함한 비용을 뺀 순수입을 말합니다. 이것을 발행주식 수로 나누면 기업이 1년 동안 영업을 해서 벌어들인 돈이 한 주당 얼마인가를 나타냅니다. 예를 들어 1년 순이익이 100만 원이고, 주식 수가 10,000주라면 EPS는 100이 됩니다. EPS가 높다는 것은 그만큼 기업이 돈을 잘 벌었다는 뜻입니다. 최근 몇 분기 동안 EPS가 꾸준히 늘었다면 실적이 일회성이 아니라 계속 좋아지고 있다고 볼 수 있습니다.

PER(Price Earning Ratio, 주가순이익비율)

기업의 현재 주가를 주당순이익(EPS)으로 나눈 것입니다. 주가를 기업의 수익성 측면에서 판단하는 지표입니다. 예를 들어 주가가 1만 원인 기업의 주당순이익이 2,000원이라면 PER은 5가 됩니다. 다시 말해 이 기업의 주식은 주당순이익의 5배에 팔리고 있다는 뜻이며 투자원금을 회수하는 데 5년 정도가 걸린다고 볼 수 있습니다. PER은 대체로 낮을수록 좋지만 같은 업종 내에서 비교하는 것이 의미가 있습니다. 성장성이 높은 업종이라면 현재 거둬들이는 이익에 비해 주가가 높게 형성되기도 하기 때문입니다. 성장성이 높은 기업들은 PER이 30 혹은 40에 거래될 때도 있습니다.

예를 들어 헬스케어 주식들이 높은 PER을 유지하는 경우가 있는데, 그 이유는 성장성이 높기 때문입니다. 단순히 PER이 높다는 이유로 비싸다고 판단하면 곤란합니다. 성장성이 반영돼 높은 PER을 유지하는 것이기 때문에 업종 특성을 잘 파악하는 것이 좋습니다.

PBR(Price on Book-value Ratio, 주가순자산비율)

주가를 주당순자산으로 나누는 것입니다. 기업의 순자산에 비해 주식이 몇 배로 거래되고 있는지를 측정한 값으로, 자산가치 측면에서 판단하는 지표입니다. 순자산이란 회사가 영업을 중지하고 청산하고자 할 때 주주에게 분배될 금액, 즉 부동산과 집기 등 기업이 소유하고 있는 장부상 가치를 말합니다. 청산가치라고도 합니다. 예를 들어 어떤 기업의 시가총액이 1조 원인데 보유하고 있는 순자산이 2조 원이라면 PBR은 0.5가 됩니다. 이 기업은 자산대비 저평가됐다고 할 수 있는데, 주가가 순자산의 0.5배밖에 되지 않았기 때문입니다. PBR이 1이라면 현시점에서 현재가와 주당순자산이 같다는 뜻입니다. PBR이 1보다 낮으면 주가가 기업자산가치에 비해 저평가된 것이고 1보다 높으면 주가가 자산가치보다 높게 평가된 것입니다. 다만 PER과 마찬가지로 PBR 역시 무조건 낮다고 좋은 건 아닙니다. 보통 성장성이 낮은 회사들이 낮은 PBR을 유지하는 경우가 많습니다.

ROE(Return On Equity, 자기자본이익률)

순이익을 자기자본으로 나눈 것입니다. 기업이 자본을 이용해 어느 정도 이익을 냈는가를 나타냅니다. 예를 들어 자본이 1,000만 원이고 1년에 200만 원의 이익을 냈다면 ROE는 20입니다. 이는 은행으로 치면 이자와 비슷한 개념인데, 요즘 같으면 은행에 1,000만 원을 맡길 경우 이자가 연 30만 원 안팎입니다. ROE는 높을수록 좋으며, 최소한 시중이자보다 높아야 투자가치가 있다고 볼 수 있습니다. 만약 은행이자가 더 높다면 주식을 사기보다 예금을 하는 것이 더 낫기 때문입니다.

다만 ROE가 어떤 방식으로 증가했는지를 봐야 합니다. 분자(순이익)가 증가하는 것이 아니라 분모(자본)가 줄어든 경우도 있기 때문입니다. 한국 기업 중에는 현금을 과도하게 보유해서 ROE가 낮은 경우가 종종 있습니다. 주주를 위하는 기업이라면 이 현금을 가지고 배당을 하거나 자사주를 매입함으로써 ROE를 높이려는 노력을 할 것입니다.

EV/EBITDA(에비타배수)

시장가치를 세전 영업이익으로 나눈 것으로 기업의 현금창출력을 나타냅니다. EV(Enterprise value, 기업가치)는 '시가총액 - 현금'으로 구합니다. 실제적인 의미로는 어떤 기업을 매수한다고 할 때 얼마를 지불해야 하는가를 나타냅니다. 기업을 인수하려면 주식은 물론이고 부채도 인수해야 하므로 차입금을 포함하는 것입니다.

기업의 재무적 측면을 판단할 때는 이런 지표들만 분석해도 충분합니다. 전문가들도 이 이상 특별한 분석도구를 갖고 있지 않습니다.

저평가된 기업을 어떻게 고를 수 있나요?

좋은 기업을 골랐다면 현재의 주가가 적정한지 따져봐야겠죠. 기업의 가치에 비해 주가가 낮은 기업을 '저평가'된 기업이라고 하죠. 가치투자를 하시는 분들은 이런 회사를 발굴하기 위해 많은 노력을 합니다. 일반 투자자들은 저평가된 주식을 어떻게 고를 수 있을까요?

A 저평가된 주식을 고르는 일은 무척 흥분되는 일입니다. 오랜 기간 갖고 있으면 주식가격은 회사의 내재가치에 수렴하게 돼 있으니 현재 가치보다 주가가 싼 주식을 보유하면 언젠가는 오르게 됩니다. 어떤 주식을 골랐느냐에 따라서 단기간에 그렇게 될 수도 있지만 어떤 경우는 수년이 걸릴 수도 있습니다.

"지표를 보면 알 수 있습니다"

그렇다면 이런 주식은 어떻게 골라야 할까요? 그렇게 어렵지 않습니다. 앞서 언급한 지표들을 보고 따질 수 있습니다.

먼저 PER부터 살펴보겠습니다.

예를 들어 어떤 회사의 PER이 5라면 이 회사가 꾸준하게 비슷한 이익을 실현할 경우 5년 만에 원금을 회수할 수 있다는 의미입니다. PER이 10이라면 10년이면 투자금을 회수할 수 있죠. PER이 20인 기업이 다음 해 수익은 2배로 늘었는데 주가가 제자리면, 이 기업은 PER이 10배로 낮아지고, 그다음 해에도 같은 상황이라면 PER은 5가 되겠죠. 성장이 빠르기 때문에 투자금도 빨리 회수할 수 있다는 의미입니다. 중요한 것은 같은 업종에서 비교해야 한다는 점입니다. 같은 업종의 비슷한 환경에 처한 기업이라면 당연히 PER이 낮은 기업이 저평가된 것입니다.

만약 PER이 1인 회사에 투자했다면 이 기업이 계속 같은 수준으로 수익을 낼 경우 1년이면 회수할 수 있고, 그 이후로 기업이 벌어들인 돈은 모조리 투자이익이 됩니다. 당연히 같은 조건이라면 PER이 낮을수록 투자하기 좋은 기업이고 가치가 저평가된 기업이라고 할 수 있습니다.

그다음으로 봐야 할 것은 EBITDA와 EV입니다. PER은 기업의 자산에 대해 고려되어 있지 않고, 감가상각 등 실제 현금으로 들어오는 이익과 장부상 이익의 차이를 반영하지 못합니다. 각 기업마다 감가상각의 규모와 방식이 다르기 때문입니다. 이런 부분을 보완한 개념이 바로 EBITDA입니다.

EBITDA는 간단히 말해서 회사의 총 이익에 감가상각 금액과 세금을 더한 것입니다. 흔히 쓰는 지표인 EV/EBITDA는 회사의 가치를 EBITDA로 나눈 것으로 회사의 주가가 적당한지를 판단하는 데 큰 도움이 됩니다. 기업가치 EV는 간단하게 시가총액에 그 회사의 순 현금 혹은 현금성 자산을 빼고 부채를 더한 수치입니다.

이렇게 평가하는 이유는, 예를 들어 어떤 상장기업을 M&A(인수·합병)한다고 가정했을 때, 보유한 현금은 즉시 활용할 수 있는 자산이므로 실제 지불한 기업가치는 시가총액에서 현금을 제외한 금액이 됩니다.

반대로 부채가 있는 기업을 인수할 경우, 해당 부채도 함께 떠안아야 하기 때문에 실제 지불해야 할 기업가치는 시가총액에 부채를 더한 금액이 됩니다. 따라서 PER(주가수익비율)만으로 보면 비싸 보이더라도 EV/EBITDA 지표를 활용하면 상대적으로 저평가된 기업을 찾을 수 있습니다.

한 화학회사의 예를 들어보겠습니다.

- 시총 1조 원
- 감가상각비 2,000억 원
- 세금 500억 원
- 순이익 500억 원
- 현금 및 현금성자산 6,000억 원
- 부채 1,000억 원

위에서 PER은 시가총액을 순이익으로 나눈 20입니다.
EV/EBITDA는 어떨까요?

- EV(기업가치) = 시가총액 − 현금 및 현금성자산 + 부채
  = 1조 원 − 6,000억 원 + 1,000억 원 = 5,000억 원

- EBITDA = 순이익 + 감가상각비 + 세금
  = 500억 원 + 2,000억 원 + 500억 원 = 3,000억 원
- EV/EBITDA = 5,000억 원 ÷ 3,000억 원 = 약 1.7

PER가 20인 반면 EV/EBITDA는 1.7입니다. EV/EBITDA가 1.7이라는 것은 주식이 엄청나게 저평가돼 있다는 것을 의미합니다. 간단하게 설명하면 이 기업을 인수하면 1.7년 만에 원금을 회수할 수 있다는 말과 같습니다.

만약 이 기업이 미국에 상장돼 있다면 당장 적대적 M&A에 노출될 것입니다. 주가가 형편없이 싸기 때문입니다. 개인투자자들도 이러한 회사를 선택할 수 있는 안목을 가지고 있다면 높은 수익을 얻을 수 있을 것입니다.

Q7 이런 내용을 다 알지 않고도 투자하는 방법은 없을까요?

말씀하신 내용들을 직접 계산하는 것이 쉽지는 않습니다. 요즘에는 챗GPT의 도움을 받아 계산을 하기도 하지만 주요 수치들을 수집하는 번거로움은 피해갈 수 없습니다. 혹시 이런 내용들을 다 알지 않고도 투자에 성공하는 방법은 없을까요?

A 기본적으로 기업의 가치를 평가할 수 있는 방법을 알아두는 것이 나의 투자 확신을 갖는 데 꼭 필요합니다. 그래야 장기적으로 투자를 이어갈 수 있습니다. 하지만 이 내용을 모르더라도 이미 투자를 시작해 양호한 수익률을 내신 분들도 있죠.

"내가 아는 기업부터 시작하세요"

이런 내용들을 앞으로 천천히 알아간다고 했을 때는 어떻게 시작하는 것이 좋을까요? 바로 내가 잘 아는 업종과 기업에서 선택하는 것입니다. 그래야 기업에 일어난 변화가 어떤 의미인지 파악할 수 있을 테니까요.

예를 들어 기업이 사업영역을 다각화하는 것은 일반적으로 좋은 변화입니다. 그런데 아이스크림을 만드는 기업이 갑자기 골프장 사업을 하겠다는 식으로 기존 사업과 시너지를 발휘할 수 없는 사업 확장이라면 타당성이 있는지를 따져봐야 합니다.

저는 포트폴리오에 편입했던 기업 중에 이익이 많이 나지 않는 분야에 투자하는 기업들은 대부분 매도했습니다. 주식투자는 오래 보유하는 것이 철칙이지만 그렇다고 마냥 들고 있는 것을 말하지 않습니다. 매수 후에도 꾸준히 관찰해야 합니다. 즉, 기업에 특이사항이 발생되지 않는지 따져야 합니다. 그러려면 내가 잘 알고 있는 사업내용이어야 하겠죠.

1990년 말 미국에 인터넷 열풍이 한창이던 1990년대 말 주식시장에서 관련 주식이 급등했지만 워런 버핏은 투자하지 않았습니다. 자신이 잘 모르는 분야이기 때문이었습니다.

투자 팁은 일상에서도 찾을 수 있고, 자신이 하는 일에서도 찾을 수 있습니다. 전업주부라면 장을 볼 때 매장에서 가장 좋은 자리를 차지하고 있는 상품이 무엇인지를 눈여겨볼 수 있을 것입니다. 야외활동을 좋아하는 가족이라면 인기 있는 아웃도어 용품에 주목해도 좋고, 그래픽 디자이너라면 사용자의 필요를 가장 잘 반영하는 소프트웨어 회사를 분석해봐도 좋을 것입니다. 만약 아들이 게임을 좋아한다면 아이들에게 게임회사들에 관한 정보를 물어봐도 좋을 것입니다. "게임 좀 그만하라"고 야단치는 대신 아들과 함께 게임회사를 분석하며 주식투자 이야기를 할 수 있는 부모라면 얼마나 현명한 부모이자 투자자인가요?

조금만 더 관심을 기울이고 정성을 들인다면 능력도 있고, 도덕적인 경영진이 포진한 기업, 재무구조가 탄탄한 기업, 앞으로 성장해갈 기업을 얼마든지 찾아낼 수 있습니다. 그중 내가 이해할 수 있는 사업분야의 기업을 선택해 주식을 꾸준히 사 모으면 이미 주식투자의 절반은 성공한 것입니다.

"남들과 다른 생각을 하세요"

남들과 다른 시각에서 생각해보고 그들과 다른 선택을 해보세요. 모두가 안 좋다고 생각할 때 오히려 기회가 있습니다. 구체적으로 예를 들어볼까요? 코로나19로 가장 영향을 많이 받은 업종이 무엇일까요? 바로 여행사입니다. 이럴 때 여행주를 사는 것입니다. 실제로 어떤 여행사가 코로나

19로 얼마나 나빠졌는지 보니 30% 정도 매출이 감소될 것 같고 매출 감소가 3년 동안 지속될 것으로 생각됐습니다. 이때 주가가 60% 빠졌다면 적극 매수하는 것입니다. 이런 경우는 여행주 중에서도 1등 기업을 사야 합니다. 매출 감소가 커지면 2등이나 3등은 다 망할 수 있어도 1등은 망하지 않습니다. 오히려 이런 위기에 1위 기업의 독점력이 강화되기도 하죠.

코로나19 백신이 보급되면서 그동안 하지 못했던 여행에 대한 욕구가 분출됐죠. 사람들이 너도나도 기다렸다는 듯이 여행을 갔습니다. 다른 사람들이 여행주가 실적이 나빠질 것이라며 주식을 매도할 때 1등 여행주를 사서 기다리기만 하면 됩니다. 하지만 코로나가 예상보다 길었던 만큼 여행사가 일을 못 하고, 돈을 못 버는 기간이 길어졌죠. 그래서 이 시간을 기다릴 수 있도록 주식은 여윳돈으로 해야 합니다. 그래야 그 시간을 버틸 수 있고, 삶이 정상화됐을 때는 더 크고 달콤한 과실을 따 먹을 수 있습니다.

비슷한 관점에서 은행주를 사례로 들 수 있습니다. 인터넷 은행이 처음 등장했을 때 은행주 주가도 많이 떨어졌습니다. 사람들이 인터넷 은행을 많이 사용하면서 기존 은행의 고객들은 모두 인터넷 은행으로 옮겨갈 것이라고 했죠. 하지만 은행이 모두 망할 리는 없습니다. 현재의 은행들은 인터넷 은행들이 하지 못하는 사업영역도 영위하고 있기 때문입니다. 예를 들어 고액 자산가의 자산을 관리해주는 업무나 기업을 대상으로 하는 기업금융 업무도 하고 있습니다. 이 분야의 매출비중이 상당히 큽니다. 사람들이 인터넷 은행의 등장으로 일반 은행들이 망할 것이라고 생각할 때 은행의 매출구조를 알고 모으기 시작했다면 돈을 많이 벌었겠죠. 특히 은행주는 배당을 많이 준다는 장점도 있습니다.

이렇게 접근하는 방식을 컨트래리언contrarian이라고 합니다. 반대로 생각하는 투자법이죠.

저는 스커더에서 코리아펀드를 운용할 때 SK텔레콤에 투자해 크게 성공했습니다. 그때 저는 왜 여기 투자했을까요? 이 사업은 경쟁자가 들어오기 어려운 구조입니다. 더욱이 새로운 서비스를 추가해서 소비자들에게 판매할 수 있었죠. 한번 서비스에 가입하면 빠져나가기 쉽지 않습니다.

"진입장벽이 높은 사업에 투자하세요"

이처럼 부가가치를 현저히 창출할 수 있거나 진입장벽이 높은 기업이 투자하기 적합한 기업입니다. 아무리 좋은 회사를 골라도 비슷한 기업이 여기저기 나타나면 돈을 벌기가 어렵습니다. 보유하고 있는 경쟁력이 특별하거나, 강력한 브랜드 인지도를 누리고 있다거나 하는 등의 이유로 경쟁사들이 진입하기 힘든 기업의 투자가치는 높아집니다.

예컨대 저는 우버에 대해 부정적입니다. 우버의 비즈니스 모델은 경쟁자가 들어오기 쉬운 구조이기 때문입니다. 소프트웨어를 개발하고 운전사만 모으면 되는 사업이기에 누군가가 우버보다 조금만 더 좋은 조건과 서비스를 제공하면 우버의 운전사들과 고객들은 바로 옮겨갈 수 있습니다.

반대로 넷플릭스는 어떨까요? 이 비즈니스는 많은 투자가 필요한 데다 이미 구축해놓은 콘텐츠 경쟁력 때문에 진입장벽이 높습니다. 실제로 넷플릭스를 표방하며 따라했던 애플TV나 디즈니플러스 같은 사업은 제대로 성과를 내지 못하고 있습니다.

테슬라도 비슷합니다. 이미 너무 앞서가고 있어서 이기는 게 쉽지 않습니다. 진입장벽을 견고하게 만든 사업들이죠.

"메가트렌드를 따라가세요"

헬스케어, 전기자동차, 통신서비스….

인터넷이 처음 등장했을 때 이것이 세상을 바꿀 거라는 걸 먼저 이해한 사람은 큰돈을 벌었습니다. 우리는 항상 메가트렌드를 살펴봐야 합니다. 앞으로 사람들이 무엇에 돈을 많이 쓸 것인지 어디에 정부나 기업이 많은 투자를 할지를 살펴봐야 합니다. 거기에 좋은 기회들이 있습니다.

저는 헬스케어 산업이 주목할 만하다고 생각합니다. 과학의 발달로 수명이 길어졌기 때문에 오래 건강하게 사는 삶을 위한 소비는 많아질 수밖에 없습니다.

삼성전자만 꾸준히 사도 될까요?

국내에서 시총이 가장 큰 기업은 삼성전자입니다. 2024년 12월 기준 삼성전자의 시총은 361조 원에 달합니다. 2위인 SK하이닉스의 시총은 약 119조 원으로, 삼성전자의 3분의 1 규모입니다.

삼성전자의 주가는 지난 2018년에 한 주에 250만 원까지 올랐습니다. 기업규모가 커지면서 주가도 빠르게 상승한 것이지요. 삼성전자 주식을 갖고 싶지만 주당 가격이 너무 높아 1주를 사기에도 부담스러운 가격이 됐는데요. 그래서 삼성전자는 소액주주들의 접근성을 높이기 위해 한 주당 가격을 액면가의 50분의 1로 분할해 5만 원까지 낮추는 작업을 했습니다. 삼성전자는 국내 증시에서 시총 1위의 위엄을 여전히 지키고 있습니다. 하지만 최근에는 '국민주'라는 별명이 무색하게 삼성전자의 주가가 좀처럼 힘을 못 쓰고 있습니다. 특히 요즘에는 아이들을 위해 삼성전자보다 엔비디아나 테슬라를 모으는 사람들도 많아지고 있습니다. 이런 상황에서 과거처럼 아이들 계좌에 삼성전자만 꾸준히 사 모으는 것에 대해서 어떻게 생각하시나요? 아이들 계좌에 삼성전자만 꾸준히 사도 될까요? 아직도 삼성전자의 상승세가 유효할까요?

A 삼성전자는 좋은 회사입니다. 성장세가 둔화되고 있다는 평가가 있긴 하지만 지난 2024년 연간매출 300조 원의 매출을 낸 회사입니다. 매출 2위는 175조 원을 기록한 현대차로, 삼성전자의 절반 정도 수준입니다.

"투자에는 분산이 중요합니다"

하지만 투자는 항상 리스크를 동반하기 때문에 삼성전자 한 종목만 투자할 경우 위험이 따릅니다. 아무리 좋은 회사를 골라서 투자한다 해도 실패할 확률은 늘 있습니다. 예측하지 못한 환경이 펼쳐질 수도 있기 때문입니다. 한두 종목에 장기간 투자했는데 손실을 봤다고 말하면서 장기 투자하면 안 된다고 하는 것도 잘못된 생각입니다. 투자는 꼭 분산해야 합니다.

만약 여러분의 포트폴리오에 장기 보유했을 때 10배, 20배, 혹은 100배 벌 수 있는 주식이 포트폴리오에 있다면 나머지 몇 종목의 손해는 충분히 만회할 수 있습니다. 하지만 그 종목이 어떤 종목인지는 누구도 예측할 수 없습니다. 그렇기 때문에 위험을 완화시킬 수 있도록 15~20개 종목에 분산투자를 해야 합니다. 처음부터 15~20개 종목을 한꺼번에 사는 것이 아니라 한 종목씩 늘려가면 됩니다.

그렇다면 어떻게 분산하면 될까요?

우선 지역에 분산합니다. 한국 주식뿐 아니라 미국, 중국, 동남아 같은 다른 나라 주식에도 투자할 필요가 있습니다. 미국 시장이 크다고 해서 미국에만 투자하면 좀 더 성장이 빠른 나라의 투자 기회를 놓칠 수가 있습니다. 한국 기업에 대해서 잘 안다고 해서 한국에만 투자하면 전 세계에서 돈이 가장 많이 몰리는 미국 시장의 기회를 놓칠 수 있습니다. 따라서 지역을 분산해서 투자해야 합니다.

2024년 말 기준 코스피 시가총액 순위

(단위: 10억 원)

순위	종목명	종가	시가총액
1	삼성전자	53,200	317,592
2	SK하이닉스	173,900	126,600
3	LG에너지솔루션	348,000	81,432
4	삼성바이오로직스	949,000	67,544
5	현대차	212,000	44,396
6	셀트리온	187,500	40,702
7	기아	100,700	40,046
8	삼성전자우	44,200	36,372
9	KB금융	82,900	32,624
10	NAVER	198,900	31,513

출처:한국거래소

"시간과 업종도 분산하세요"

개별주식도 펀드와 마찬가지로 시간도 분산합니다. 한번에 많은 돈을 투자해놓고 장기투자를 한다고 해서 마냥 기다리는 것은 시간에 분산투자를 하지 못한 것입니다. 어떤 특정시점에 주가가 저점인지 고점인지는 누구도 알 수가 없습니다. 따라서 좋은 기업에 정기적으로 투자를 하면 시간을 분산해서 투자할 수 있습니다. 그렇다면 주가가 높으나 낮으나 정해진 시기에 투자할 수 있습니다.

급여생활자든 자영업자든 매월 일정금액이 투자되도록 자동이체시켜 놓는 방법이 가장 좋습니다. 적어도 내가 번 돈의 10%는 무조건 자동으로 투자될 수 있도록 설정해두세요. 시간에 분산한다고 했을 때 오랫동안 분산할수록 위험은 낮아집니다. 따라서 어릴 때부터 시작하는 것이 가장 유리합니다.

업종도 분산해야겠지요. 삼성전자의 사업부는 크게 반도체와 가전, 휴대폰 사업부로 나눌 수 있습니다. 국내 대표적인 IT 기업이죠. IT에 투자를 했다면 미래성장을 이끌어갈 여타 업종을 함께 포트폴리오에 담아야 합니다. 성장주들의 주가가 폭락할 때 경기를 방어할 수 있는 업종도 함께 담아 시장의 변동에 대비하는 것이 좋습니다.

투자하지 말아야 할 기업이 있을까요?

지금까지의 내용을 종합해보면 우리 아이들이 성인이 될 때까지 망하지 않을 기업이면서 기술력을 갖고 있고, 진입장벽이 높은 기업을 중심으로 동업자를 구하듯이 투자하라는 조언이 포인트가 아닐까 싶습니다. 반대로 투자하지 말아야 할 기업, 투자를 조심해야 하는 기업의 요건을 꼭 짚어주실 수 있으실까요?

A 투자하지 말아야 할 기업은 아주 명확합니다. 제대로 사업은 하지 못하면서 자금 조달만 계속하는 기업들, 그러니깐 계속 투자금만 모으는 기업들은 피해야 합니다. 상장사들은 투자 결정에 영향을 미치는 사건이 발생하면 금감원 전자공시 시스템에 꼭 공개적으로 알려야 합니다.

"자금 조달이 잦은 기업은 피하세요"

금감원 전자공시에 올라오는 내용들 중에 전환사채나 신주인수권부 사채를 자주 발행하는 회사는 반드시 피해야 합니다. 전환사채나 신주인수권부 사채는 잠재적으로 주식이 늘어날 수 있다는 의미입니다. 따라서 이런 사채들은 발행될 때마다 불필요한 가격 급등락이 수반됩니다. 기업가치에도 혼란이 올 수 있습니다. 이런 상황을 즐기는 경영자나 대주주는 다른 주주들에게 손해를 끼칩니다.

예를 들어 신규 자금이 필요한 A회사가 자금 조달을 위해 전환사채를 발행한다고 가정해봅시다. 당연히 발행 조건을 유리하게 만들고 싶어하겠죠. 물론 사채를 발행할 때 발행 조건은 시장금리와 회사의 신용등급에 따라 결정되니 조정이 쉽지 않습니다. 하지만 미국과 달리 한국에서 전환가격은 기준 시점의 주가에 의해 결정되는 경우가 많아 조정의 여지가 있습니다.

회사가 전환사채를 발행할 때, 대주주나 경영진 입장에서는 발행 조건을 보다 유리하게 만들기 위해 전환가 산정의 기준이 되는 주식 가격을 높이려는 유인이 생길 수 있습니다. 전환가격이 높아지면 향후 전환 시 발행되는 주식 수가 줄어들어 기존 주주의 지분 희석이 완화되는 효과가 있습니다. 또한, 전환된 주식의 발행 초과금이 증가하면서 자본 확충 효과가 발생할 수 있어 회계상 재무 건전성이 개선된 것처럼 보일 수도 있습니다.

이러한 이유로, 일부 기업들은 전환사채 발행 시점에 맞춰 호재성 뉴스를 발표하여 주가를 상승시키려는 경향을 보이기도 합니다. 그러나 문제는 이러한 인위적인 주가 부양이 지속되기 어렵고, 이후 주가가 급락하는 등의 부작용이 발생할 가능성이 크다는 점입니다. 회사의 본질적인 가치 변화 없이 주가가 급등하면, 이를 모르고 진입한 개인투자자들은 예상치 못한 손실을 입을 위험이 있습니다.

"투명한 기업에 투자하세요"

그외에도 지속적으로 손실을 내고 있는 기업이나 경영진이 투명하지 않은 기업, 회계처리방식이 불투명해 지속적으로 감사에서 의견거절이 나오는 기업들은 피해야 합니다. 또 배당을 지급하던 기업이 갑자기 배당을 중단한다는 소식이 들려오면 일단 의심해볼 필요가 있습니다. 배당을 꾸준히 지급하던 기업일수록 배당을 중단하면 회사의 재정상태가 악화되고 있다는 신호일 수 있습니다. 또 소문에 따라 주가 변동성이 과도하게 큰 기업은 일단 투자 포트폴리오에서 제외하는 것이 좋습니다. 이런 기업들은 예측이 어렵고, 작전세력에 휘말릴 수 있습니다. 따라서 기업규모가 아주 작은 기업은 피하는 것이 좋습니다.

"'리튬 관련 기업? 알고 보니 휴대폰 액세서리 제조업체"

◆ 전기차 배터리의 핵심소재인 리튬은 국내에서 거의 생산되지 못하고 대부분 해외수입에 의존하고 있습니다. 호주와 칠레, 아르헨티나 등에서 주로 수입하는데, 얼마 전 글로벌 리튬 개발 사업에 국내 기업이 관련돼 있다는 소식이 전해지자 증시에서 일부 기업들이 큰 변동성을 나타냈습니다. 해당 기업들이 어떤 기업인지 살펴보기 위해 리튬이라는 단어가 들어간 기업들의 사업보고서를 살펴봤습니다.

그런데 리튬 관련주로 거론되는 회사들의 사업보고서를 보고 정말 깜짝 놀랐습니다. 회사 명에 '리튬'이라는 단어를 넣어 사명을 변경한 다수의 기업이 대부분 관계 회사였으며, 대표이사도 한 사람인 것으로 조사됐습니다. 사업의 내용을 보면 더욱더 의심스러운 면이 많습니다. 어떤 기업은 핸드폰 액세서리 판매가 주요 사업이었으며, 어떤 기업은 건축용 자재를 판매하는 일을 주로 했습니다. 그럼에도 불구하고 증시에서는 '리튬'이라는 이름이 붙어 있어 전기차 배터리 관련주로 묶여서 테마성으로 주가가 움직였습니다.

    이런 사례만 봐도 우리가 피해야 할 기업을 명확히 골라낼 수 있습니다. 작은 규모의 기업일수록 주가가 소문에 오르고 소문에 떨어집니다. 이런 소문은 누가 퍼뜨리는 걸까요? 주가 상승이 필요한 누군가에 의해서 퍼질 가능성이 높습니다. 사업보고서만 열어보더라도 이런 기업에 돈을 넣고 손실을 보는 일은 피할 수 있습니다.

같은 종목인데 우선주는 뭐예요?

국내 증시에서 주요 대기업들의 종목에는 '우'라는 글자가 붙어 있는 종목도 있습니다. 삼성전자우, LG화학우, 현대차우 같은 종목들입니다. 이런 종목은 일반적으로 삼성전자, LG화학, 현대차 같은 종목들보다 가격이 낮은 경우가 일반적입니다. 일반 주식이랑 어떻게 다른 건가요? 아이들 계좌에 이런 종목을 담아두는 것은 어떻습니까?

A '우'라는 글자는 '우선주'라는 뜻입니다. 우선주는 의결권이 없는 주식을 말합니다. 주식 경영에 참여하지 않는 대신에 이익배당 우선권을 주거나 배당을 더 주거나 하는 주식을 말합니다. 한국 증시는 보통 우선주가 디스카운트돼 있습니다. 경영에 참여하지 않지만 배당가치가 유리하기 때문에 경영에 관심이 없다면 우선주에 투자하는 것이 좋습니다. 우선주는 회사가 대주주의 경영권 안정을 해치지 않으면서 자금 조달을 위해 발행한 것입니다. 신주를 발행하면 부채 비율을 낮추고, 자본의 확충 효과가 있으며, 회사 재무구조가 좋아지기 때문입니다.

"우선주도 좋은 선택지입니다"

우선주에 투자하기 좋은 때가 있습니다. 바로 우선주와 보통주 가격이 큰 차이를 보일 때입니다. 우선주와 보통주의 가격차인 괴리율은 일반적으로 일정한 선을 유지합니다. 하지만 만약 M&A와 관련해 의결권을 필요로 하는 사건이 벌어질 경우, 지주회사 전환이나 합병과 관련한 소집이 있을 경우에는 보통주 가격이 올라가고 우선주 가격은 하락합니다. 이때 그 회사의 가치가 올라갈 것으로 생각한다면 우선주에 투자하는 것이 좋습니다.

특히 최근 한국 증시에서는 밸류업 프로그램 덕에 우선주가 주목받고 있습니다. 밸류업 프로그램은 한국 증시의 만년 저평가를 문제를 개선하기 위해 각 기업들이 배당을 늘리거나 자사주를 소각하도록 유도하는 정부의 정책을 말합니다. 앞으로 밸류업 프로그램이 지속적으로 진행된다면 우선주 투자 또한 고려해볼 만합니다.

투자한 걸 잊으세요.
단! 이때만 빼고요

투자자산 관리하기, 세상의 변화 관찰하기

Q1 스텝2 완료 이후 해야 할 것은 뭔가요?

지금까지 우리 아이들의 자산관리를 위해서 어떤 계좌에서 어떤 펀드나 종목에 투자해야 하는지에 대해서 자세히 알아봤습니다. 시작이 어렵지만 제대로 알고 투자를 시작한 만큼 이제는 잘 관리해서 미래에 아이들의 탄탄한 밑거름이 되도록 관리해야 하는데요, 좋은 펀드나 개별종목을 골라 투자를 시작했다면 그다음에 해야 할 일은 뭔가요?

A 주식으로 큰돈을 번 사람은 투자한 것을 잊어버리고 있다가 세월이 흐른 후 알게 된 사람이란 말이 있습니다. 만약 망하지 않을 기업에 투자를 시작했다면 잊어버리는 것도 오히려 효과적인 투자법일 수 있습니다.

그 근거를 역사에서도 찾을 수 있습니다. 공식적으로 설립된 최초의 주식회사는 1602년 설립된 네덜란드 동인도 회사입니다. 항로를 통한 대규모 무역의 시대가 열리자 한 번의 무역으로 엄청난 수익이 창출됐습니다. 사람들은 투자금을 모아 배를 띄우고 추후 배가 돌아왔을 때 발생하는 수익을 투자금 비율에 따라서 균등하게 나누기 시작했는데, 이것이 바로 주식의 시작이었습니다.

하지만 항로가 험난해 배 열 척을 보내면 한 척만 돌아오기도 하고, 그 한 척이 돌아오기까지 10년의 시간이 걸리기도 했습니다. 그럼에도 불구하고 그 한 척이 돌아오면 엄청나게 큰 돈을 벌 수가 있었죠. 사람들은 한 척이라도 돌아올 것이라

는 강한 믿음으로 투자했고, 그렇게 주식회사가 설립됐습니다.

주식투자에 성공하느냐, 실패하느냐는 유망하다고 판단한 회사의 주식을 산 다음 어떻게 행동하는가에 달려 있습니다. 대다수는 주가의 변동을 매일 살펴보고 매수한 순간부터 매도가격을 저울질하기 시작합니다. 그리고 주식투자를 잘한다는 주변 사람에게 질문합니다. "언제, 얼마의 가격대에 매도하는 게 좋을까요?"라고 말이죠.

매일 주식가격을 맞히는 것은 불가능하고 무의미한 일입니다. 좋은 주식은 짧은 기간 동안 손해를 보더라도 장기적으로 오르게 돼 있습니다. 그게 자본주의의 원리입니다. 따라서 좋은 기업을 선택해 투자하기 시작했다면, 팔 생각을 하기보다는 오랫동안 그 회사가 돈을 잘 벌어들일 수 있도록 기다리면서 계속 주식 수를 늘려가면 됩니다.

"시세를 보지 말고 기업을 보세요"

사람들이 단기 투자에 집착하는 것은 너무 많은 뉴스와 정보 속에서 주관적으로 생각할 여유가 없고, 기업에 투자하면서도 기업을 보는 것이 아니라 주식 시세를 보기 때문입니다.

시세를 보지 말고 기업을 보세요. 그리고 그 기업이 사업을 잘 펼치는지, 실적이 잘 나오는지, 변화에 뒤처지지 않는지, 경영자가 혹시 범죄에 연루되지는 않는지 등을 잘 살펴보면 됩니다. 만약 어떤 기업이 실적이 잘 나오다가 갑자기 실적이 안 나오면 일시적인 현상인지, 장기적으로 실적이 나쁠 만한 이슈가 터진 건지 잘 살펴야 합니다. 만약 장기적으로 제대로 사업을 펼치지 못할 만한 중대한 이슈가 터진 것이라면 내가 처음에 투자 기업

선택을 잘하지 못한 것을 인정하고 주식을 매도해야 합니다.

하지만 만약 그렇지 않다면 매도시점을 저울질할 필요가 없습니다. 그 기업의 주가는 단기적으로는 흔들릴 수 있어도 장기적으로는 우상향할 테니까요. 이제는 이 기업의 가치가 변하는 일이 있는지 관찰하면 됩니다. 시간이 우리 아이들의 편에 설 수 있도록 기다려주면 됩니다. 아이가 성장하는 것을 보는 것은 얼마나 뿌듯하고 즐거운 일인가요? 우리가 투자한 기업도 점점 성장하는 것을 관찰하는 것은 참으로 기쁜 일입니다.

목표수익률에 다다르면 팔아야 하나요?

2024년 8월 기준 시중은행 정기예금 기본 금리는 연 3% 중반 수준입니다. 아이들에게 주식을 사주는 부모님들은 3%의 금리로는 만족하지 못하시는 분들이 대부분일 겁니다. 그렇다면 아이들 주식계좌의 종목들의 목표수익률을 얼마로 잡는 것이 좋을까요? 어떤 분들은 목표수익률에 다다르면 현금화하는 것이 좋다고 말씀하시는 분들도 계십니다. 수익률이 어느 정도 되면 팔아야 할까요?

A 흔히 주식투자를 하면 '잘 팔아야 한다'고 생각하지만, 주식은 '파는 것'이 아니라 '사는 것'입니다. 쌀 때 사서 비싸게 파는 것이 아니라, 언제나 사는 것이고 계속 가지고 있는 것이며 계속 더 사 모으는 것입니다. 주식투자는 '잘 파는 것'이 기술인 것이 아니라 '안 파는 것'이 기술입니다. 우리 아이들의 미래를 위해서라도 이 기술을 훈련해서 익혀야 합니다.

예를 들어 주식을 10만 원에 샀는데 8만 원이 됐다고 가정해봅시다. 주변에서는 더 떨어질 것 같으니 지금이라 손절매를 하라고 합니다. 그런데 한 번 더 생각해보세요. 그때 왜 10만 원에 샀을까요? 그 주식이 10만 원의 가치가 있어서 산 것입니다. 충분히 회사를 연구해서 좋다고 판단했고 그래서 투자를 했다면, 가격이 하락할 때는 매도할 게 아니라 오히려 더 사야 하는 게 맞지 않을까요? "매수한 주식의 가격이 15~20% 하락하면 과감히 손절매해야 한다"고 하는 것은 투자가 아니라 투기입니다. 주식투자를 가격 맞히기로 하고 있다는 방증이죠.

"주식은 안 파는 것이 기술입니다"

그렇다면 주가가 떨어질 때는 어떻게 해야 할까요? 주가가 왜 떨어지는지 봐야 합니다. 만일 주가가 떨어지는 이유가 기업의 펀더멘털의 문제가 아니라면 걱정할 필요가 없습니다. 우리는 가격을 보지 말고 기업을 봐야 합니다. 회사는 그대로 있는데 가격만 변한 것은 주식시장의 변동성 때문입니다. 여기에 흔들릴 이유는 없습니다. 단, 기업의 펀더멘털에 변화가 왔을 때, 회사의 비즈니스 모델의 변화가 왔을 때 파는 것은 손절매가 아니라 자신의 판단에 따른 결정(투자)이라고 볼 수 있습니다.

장기적으로 투자하다 보면 주가가 떨어질 때도 있지만 팔고 싶은 만큼 올라갈 때도 있습니다. 주가가 오르면 팔고 이익을 실현하고 싶은 생각이 들 수도 있죠, 예를 들어 15만 원의 가치가 있다고 생각하는 주식을 10만 원에 샀는데, 이후 15만 원이 됐다면 어떻게 해야 할까요? 무조건 매도할 필요는 없습니다. 회사가 계속 돈을 잘 벌어들이고 있고, 앞으로 회사의 가치가 더 좋아질 것이라도 판단한다면 팔 이유가 없습니다. 그때는 목표가격을 올리는 것입니다.

스커더에서 일할 때 코리아펀드를 운용하던 우리 팀은 A라는 주식을 7,000원 대에 샀습니다. 그런데 매수한 지 몇 달 만에 가격이 2만 원까지 상승하니 하나둘 고민을 시작했습니다. 몇 명은 팔아서 이익을 실현하자고도 했습니다. 이는 명백히 우리가 정한 원칙에 반하는 것임에도, 단기간에 급등하는 유혹을 느낀 것이죠. 이런 때일수록 원칙을 지켜야 합니다. 그래서 저는 그들에게 질문했습니다.

"팔자의 근거가 무엇인가요? 가격이 기업가치보다 비싸서 팔자는 게 아니라 주가가 두 배, 세 배 올라서 팔자는 게 아닌가요? 우리는 고객에게 마켓타이밍을 쫓지 않는다고 말합니다. 그런데 왜 올랐다는 이유로 팔아야 할까요? 시장이 좋지 않은 상황에서 주가가 오르니 이익을 만들고 싶은 건 이해하지만, 지금 이 기업의 주가가 기업가치에 비해 비싸다고 생각하나요? 그러면 팝시다. 그러나 우리는 이 주식을 처음 살 때 적정 주가를 5만 원이라고 판단했습니다. 그 판단이 달라진 것이 아니라면 이건 파는 게 아닙니다."

우리는 그 주식을 팔지 않고 보유했고, 그 주식은 5만 원까지 갔습니다.

"목표 수익률은 10배, 20배가 되어야 합니다"

종종 이렇게 묻는 분들이 있습니다.

"몇 개월 전에 주식투자를 했는데 벌써 10%나 벌었어요. 왜 진작에 안 했는지 모르겠네요."

주식에 투자해서 이익을 봤다니 물론 좋은 일이지만, 저는 이런 말을 들으면 가슴이 철렁합니다. 주식투자가 수익률 게임이 되어서는 안 돼요. 주식투자의 목적은 10%나 20% 같은 단기적인 수익을 달성하는 것이 아니라, 장기적으로 10배, 20배의 가치를 창출하는 것이어야 합니다. 그런데 이걸 제대로 이해하지 못할 때 혼란이 옵니다. 주식을 단순히 사고팔아서 시세차익을 얻는 것으로 생각하기 때문입니다. 주식투자의 본질은 내가 투자한 회사의 경영진과 직원들이 열심히 일해서 나에게 돈을 벌어다 주는 것입니다. 좋은 기업에 오랫동안 투자하면 수익률은 저절로 따라오게 돼 있습니다. 그런데 순서가 뒤바뀌면 실패할 확률이 커집니다.

목표가격에 도달했다고 해도 매도는 좋지 않습니다. 계속 그 회사가 돈을 잘 벌고 있다면 목표수익률에 연연할 필요가 없습니다. 10%가 목표가 아니에요. 10년, 20년 후 10배, 50배, 100배 기업가치가 상승하는 것이 목표입니다. 특히 아이들의 노후까지 생각하는 투자라면 그 이상도 가능합니다.

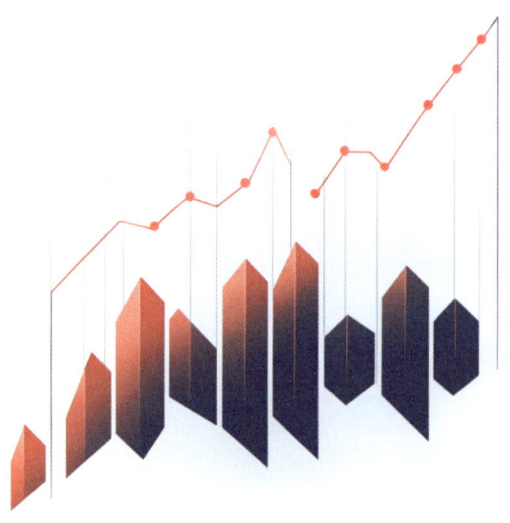

관리에도 철학이 필요한가요?

앞서 좋은 주식을 고르기 위해서 자신만의 철학을 갖춰야 한다는 말씀을 해주셨습니다. 그 방법도 언급해주셨는데요, 그런데 주식을 관리할 때는 어떤 철학이 필요한가요?

A 투자한 것을 관리할 때 가장 필요한 것은 세상의 변화에 관심을 가져야 한다는 점입니다. 내가 투자한 회사가 세상의 변화에 잘 적응하고 있는지를 보는 것은 아주 중요합니다. 시장의 변화에 뒤쳐진 기업으로 가장 많이 언급되는 것이 필름회사 코닥의 사례입니다. 세상이 디지털 카메라로 향해가고 있는데 필름사업을 계속 고집하다 결국 역사 속으로 사라졌죠. 만약 투자자가 디지털 카메라로의 전환조차 인지하지 못하면 어떻게 될까요? 코닥에 투자를 지속하고 있다가 결국 손실로 투자를 마감할 것입니다.

"변화를 따라 가는 데에는 작은 관심이면 충분합니다"

하지만 이런 것들은 특별히 공부하지 않아도 알 수 있죠. 하루아침에 손바닥 뒤집히듯이 변하는 것이 아니기 때문에, 엄마가 조금만 관심을 가지면 시장의 변화를 놓치지 않을 수 있습니다. 아이들과 늘 함께 이야기하세요. 아이들이 살 세상은 아이들이 더 잘 알 수도 있습니다. 실제로 아이들이 쓰는 스마트폰, 옷, 가방, 먹거리들의 변화만 봐도 유망한 투자처를 여럿 찾을 수 있을 겁니다.

지속적으로 돈을 잘 벌 수 있는 기업인지도 판단해야 합니다. 최근 아이들 사이에서 인기를 끌었던 탕후루라는 먹거리가 있습니다. 과일을 설탕

물로 감싼 간식인데 아이들에게 인기를 끌면서 탕후루 매장이 엄청나게 생겼죠. 하지만 그 인기가 지속되지 못했습니다. 건강에 나쁘다는 인식도 있고, 한두 번 먹다 보면 금방 질려 자주 사 먹기는 어렵죠. 탕후루 프랜차이즈 기업이 상장사는 아니지만, 이런 식으로 반짝 유행을 타는 기업에는 투자하면 안 됩니다. 아이가 성인이 될 때까지 투자를 이어갈 텐데, 사라질 기업에 투자하면 안 됩니다.

하지만 스마트폰은 어떨까요? 아이가 지금 쓰는 스마트폰은 어른이 된 이후에도 사용하겠죠. 지금 아이가 쓰는 스마트폰은 엄마가 쓰는 스마트폰 브랜드와 다를 수도 있습니다. 아이들이 많이 쓰는 브랜드를 잘 살펴보세요. 그리고 그 제품이 아이가 성인이 될 때도 쓰인다면, 이 기업은 지속적으로 돈을 잘 벌 수밖에 없을 것입니다.

"당신이 전문가입니다"

자신이 전문가라는 용기를 가지세요. 세상의 변화와 기업을 관찰하다 보면 좋은 기업은 투자를 지속할 수 있고, 사람들이 아직 모르는 주식을 발견해 새롭게 투자할 기회도 생깁니다.

당부하고 싶은 것은 절대 주위 사람들의 조언에 영향받지 말고 자신의 철학을 끝까지 고수하라는 것입니다. 전문가들도 모든 상장회사에 관해 알 수 없어요. 자신이 잘 아는 분야를 개척하면 그 분야에서만큼은 다른 사람의 말에 흔들릴 필요가 없습니다. 그 분야의 지식을 갖추세요.

언제 파는 것이 가장 좋은가요?

지금까지 조언해주신 것을 실행하기만 한다면 10년, 20년 후에는 자산이 커질 것이라는 믿음이 어느 정도 형성된 것 같습니다. 하지만 주식을 모았다면 언젠가는 팔아야 할 텐데요, 고심 끝에 기업을 선정하고, 오랫동안 유지를 해온 만큼 파는 것도 잘 팔고 싶다는 생각이 듭니다. 이렇게 모은 주식은 언제 팔아야 할까요?

A 많은 투자자가 주식을 사는 순간부터 '언제 파는 게 좋을까?'를 고민하기 시작합니다. 적절한 매매 타이밍을 노리는 것이죠. 다시 한 번 강조하지만 그렇게 해서는 절대 큰돈을 벌 수 없습니다. 한 번은 수익을 낼지 몰라도 두 번 세 번 반복하기는 어렵습니다. 나중에 수익을 내기는커녕 지키는 것이 더 어려울 수 있습니다.

"이럴 때는 주식을 파세요"

흔히 주식투자를 하면 '잘 팔아야 한다'고 생각하지만 주식은 '파는 것'이 아니라 '사는 것'이라는 것을 여러 번 강조해드렸습니다. 쌀 때 사서 비싸게 파는 것이 아니라 언제나 사는 것이고 계속 가지고 있는 것이며 계속 더 사 모으는 것입니다.

하지만 영원히 안 팔 수는 없겠죠. 노후에 주식을 찾는 것이 아니라면, 주식을 파는 것은 언제나 예외조항이어야 합니다. 다음과 같을 때만 주식을 팝니다.

주가가 과도하게 폭등할 때

이 회사의 가치를 10조 원 정도로 판단했는데, 갑자기 이해할 수 없는 이유로 100조가 됐다면 팔아야 합니다. 이를테면 공매도 이슈로 일시에 주가가 폭등했던 게임스탑 같은 사례가 그런 경우죠. 주가가 그 회사의 실질 가치보다 갑작스럽게 비쌀 때는 매도를 고려하는 것이 좋습니다.

기업의 펀더멘털이 달라졌을 때

회사의 경영이나 영업에 예상치 못한 문제가 생기는 등 회사의 미래 가치가 하락할 것으로 판단될 때 팔아야 합니다. 만일 경영진이 갑자기 바뀌었는데 신뢰할 수 없는 경영을 하거나 지배구조에 심각한 변화가 생기는 등 회사를 장기적으로 보유할 이유가 없어진 경우도 이에 해당합니다.

세상이 변했을 때

매입할 당시에는 해당 기업이 가지고 있는 경쟁력이 상당히 좋았는데 여러 가지 이유로 그런 기업들이 더는 경쟁력을 유지할 수 없다고 판단될 때가 있습니다. 이를테면 전기차로의 전환이 빨라지는 상황에서는 엔진을 만드는 회사의 주식만 갖고 있다면 투자의 성과가 좋을리가 없습니다. 이건 예측 불가능한 게 아닙니다. 이런 때는 주식을 팔아야 합니다.

예를 들면 제지업의 경우 컴퓨터와 스마트폰의 등장으로 신문 잡지의 수요가 급격하게 줄었습니다. 10년간 제지회사의 주식을 갖고 있었더라도 매도를 할 수밖에 없습니다. 어떤 산업이건 부침이 있게 마련입니다. 어떤 산업에 구조적인 변화가 일어나고 있을 때 내가 투자한 회사가 적응하지 못할 것으로 판단되면 주식을 팔아야 합니다.

더 사고 싶은 더 좋은 주식이 나타났을 때

예를 들어 디즈니랜드를 좋아해서 그 주식을 갖고 싶어서 샀는데 디즈니랜드보다 더 좋은 회사가 나타났다면? 더 갖고 싶은 회사의 주식을 사기 위해 기존 주식을 팔 수 있습니다. 투자는 항상 여유자금으로 해야 하는 것이며, 시장을 예측해서 현금 자산을 늘리거나 줄이는 건 좋은 방법이 아니라고 앞서 강조했습니다. 때문에 다른 좋은 투자기회가 생겼을 때 자금을 마련하기 위해 투자했던 주식을 매각해야 하는 상황이 올 수도 있습니다.

"자본주의가 지속되는 한 주식시장은 성장합니다"

자본주의 체제가 존재하는 한 주식시장 역시 존재할 수밖에 없습니다. 기업이 성장하는 과정에서 새로운 사업으로 진출하거나 설비를 확장하기 위해 추가적인 자본이 필요해지는데, 은행에서 차입하기도 하지만 주식시장에서 자본을 조달하는 것 또한 필요하기 때문입니다. 자본주의가 발달할수록 주식시장은 핵심적인 역할을 담당하게 됩니다. 때문에 궁극적으로 상승하게 되어 있습니다.

주식시장이란 미래 생산활동의 기대치가 거래되는 곳이고, 인류의 생산성이 후퇴하는 일은 보통 일어나지 않기 때문입니다. 예컨대 지금의 휘발유 자동차가 무언가로 대체된다면 전기차나 수소차 같은 발전된 형태가 되겠지요? 과거처럼 말을 타고 다니게 되는 상황이 될까요? 그렇지는 않겠죠. 그러니 주식시장은 계속 성장합니다.

실제로 코스피 지수의 흐름을 보면 자잘한 파동을 그리며 오르내림을 반복하지만, 전체적으로 꾸준히 상승하고 있습니다. 지수가 저점을 기록한 기록이 있는데 1998년 외환위기 시기로, 당시는 공포가 주식시장을 지배했습니다. 이대로 한국이 망하고 마는 건가 하는 탄식이 곳곳에서 터져 나왔습니다.

하지만 시장은 다시 기운을 차렸고, 꾸준히 상승했습니다. 그러다가 또 한 번의 급락구간을 맞이하는데, 바로 2007~2008년 글로벌 금융위기 때입니다. 공포 속에서 지수가 다시 고개를 들었고, 이전 고점 수준에서 잔파동을 그리고 있습니다. 그리고 2019년 코로나가 발병했을 당시 또 최저점을 찍었지만 다시 회복했습니다.

저는 지수가 위로 갈까, 아래로 갈까 하는 궁금증을 가져본 적이 없어요. 당장 올해 하락하거나 상승하든, 내년에 하락하거나 상승하든 간에 장기적으로 반드시 상승한다는 믿음이 있기 때문입니다. 나의 투자도, 우리 아이의 투자도 이 믿음을 갖고 계속해야 합니다.

내가 투자한 기업이 망하면 어떻게 해요?

대법원에 따르면 2024년 1월부터 7월까지 법원에 접수된 법인 파산신청 건수는 1,153건으로 2023년에 비해 33% 증가했습니다. 1월부터 7월까지의 누적치는 관련 통계 확인이 가능한 2014년 이후 최대치이며 코로나가 창궐한 2019년의 2배를 넘는 수치입니다. 파산 기업이 증가한 것은 코로나19 이후 대출 만기 연장 상환유예조치로 버티던 중소기업이 고금리와 내수부진이 길어지면서 한계에 이르고 있기 때문입니다. 파산을 맞은 기업들은 상장사라기보다는 소상공인과 중소기업에 해당하는 이야기이긴 하지만, 특히 지난 2024년 잘나가던 온라인 커머스 티몬과 위메프 사태를 보면 '내가 투자한 기업은 괜찮은가?' 하는 걱정이 되기도 합니다. 10년, 20년 뒤 아이를 위해 투자한 기업이 망하면 어떻게 하죠?

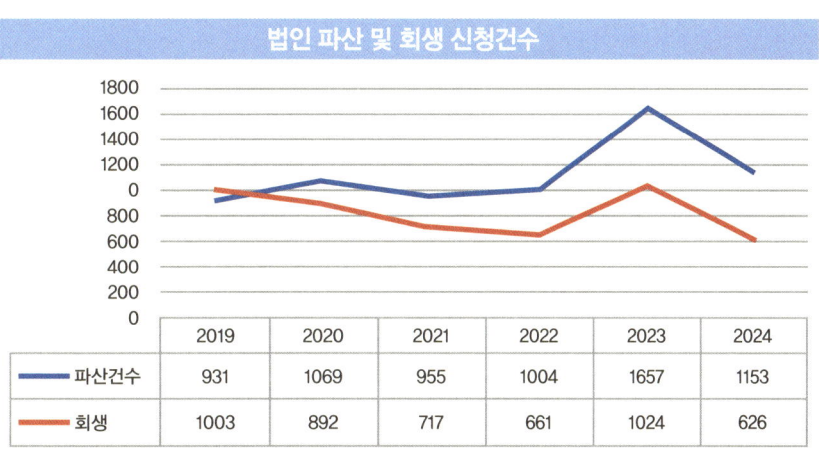

법인 파산 및 회생 신청건수

	2019	2020	2021	2022	2023	2024
파산건수	931	1069	955	1004	1657	1153
회생	1003	892	717	661	1024	626

A 기업은 이익을 계속 창출해야 합니다. 하지만 시장의 변화, 기술의 변화 등으로 예상치 못한 일이 발생해 이익을 창출하지 못한다면 아무리 탄탄한 기업이라도 갑자기 도산할 수 있습니다. 종목이 상장폐지가 돼 하루아침에 휴지조각이 된 사례를 우리는 주변에서 심심찮게 볼 수 있죠. 그렇다면 하나의 의문이 듭니다. 만일 어떤 기업에 10년, 20년을 투자했는데 그 기업이 예상치 못한 일로 망한다면 어떻게 되는 것일까요? 이 말을 다르게 해석하면 장기 투자는 답이 아니라는 걸까요?

"기업이 망해가는 신호를 놓치면 안 됩니다"

절대 그렇지 않습니다. 기업이 도산하려면 하루아침에 그런 일이 벌어지지는 않겠죠. 매출이나 영업이익이 떨어지거나 시장에 좋은 제품을 내놓지 못한다거나 하는 시그널이 있기 마련입니다. 내가 투자한 기업의 활동들을 잘 살펴보면 상장폐지가 될 정도로 악화가 되는 것은 충분히 예견할 수 있습니다.

어떤 분들은 "삼성전자를 지금부터 쭉 가지고 있으면 무조건 이익이겠죠?"라고 제게 질문합니다. 하지만 정답은 저도 알 수가 없죠. 그간 삼성전자의 활동과 앞으로의 행보에 달려 있습니다. 한국 주식들의 저평가가 빠르게 해소되면서 옛날의 몇십 배 수익률을 기대하기 어려워진 것이 지금의 현실입니다. 2,000개가 넘는 기업들이 한국에 있습니다. 삼성전자에만 투자하는 것은 위험이 따릅니다.

시장에는 언제나 기회가 있습니다. 다만 아직 발견되지 않았을 뿐입니다. 중요한 것은 시장을 비관적으로 바라보지 않고, 오래 투자할 만한 주식이 있다는 확신을 갖는 것입니다. 그래야 가치 있는 주식을 찾고 보유할 수 있습니다. 짧은 시간을 들인 판단으로는 이런 주식을 찾을 수 없습니다.

"적절한 투자기간은 기업에 따라 다릅니다"

얼마의 기간이 장기투자인지 묻는 분들이 계십니다. 답은 어떤 회사에 투자했느냐에 따라 다릅니다. 가령 1년에 매출액이 10%, 20%씩 늘어나는데, 이상하게 주가는 떨어지는 회사가 있다고 합시다. 이 회사의 펀더멘털이 훌륭하다면 주식을 팔아야 할 이유가 전혀 없습니다. 그것이 제가 말하는 장기투자입니다. 그래서 어떤 회사는 5년이 장기투자일 수 있고, 어떤 회사는 20년이 장기투자일 수 있습니다.

만약 여러분이 어렸을 때 부모님이 맥도날드나 코카콜라 주식을 사주셨다면, 지금 엄청나게 큰돈이 돼 있겠죠. 그 기회를 우리 아이들도 놓치도록 그냥 두지 마세요. 우리 아이들을 위해서 투자해줄 기업은 많습니다. 앞서 언급했던 팔아야 할 상황이 오지 않는 한 꾸준히 주식을 모아가면 됩니다.

그렇다고 아무 주식이나 오래 갖고 있으라는 건 아닙니다. 펀더멘털의 변화가 있는지 살펴봐야 합니다. 장기투자 주식이 손실이 날 수 있고, 심지어 상장폐지될 수도 있습니다. 그렇기 때문에 종목을 신중하게 선택해야 하고, 기업에 대해 지속적으로 관심을 가져야 합니다. 따라서 내가 투자한 기업의 사업보고서를 챙겨보는 것은 투자자라면 기본적으로 해야 할 일입니다. 매출액과 이익이 늘어나고 있는지 봐야 하고, 경쟁사도 봐야 합니다. 산업 자체가 성장성이 있는지 배당률은 얼마인지, CEO가 어떤 생각을 하는지도 살펴봐야 하죠. 이런 사항들이 전반적으로 잘 유지되고 있는 회사라면 주가가 폭락해도 걱정이 없습니다.

미래 가치가 어디에 어떻게 생길지 어떻게 아나요?

1995년부터 미국 주식시장을 끌어올린 테마는 인터넷이었습니다. 꿈의 통신망이 대중화되면서 흔히 '닷컴 기업'이라고 불리는 인터넷 기반 기업이 우후죽순으로 설립됐고 기업들의 성장성을 기대한 투자자금이 대거 증시에 유입됐습니다. 하지만 비싼 요금과 낮은 품질의 서비스에 많은 사람들이 등을 돌리고 주가가 폭락했습니다. 아직 경험하지 못한 세상에 대한 사람들의 기대가 보란 듯이 무너진 것이죠. 최근 증시를 끌어올린 것은 바로 AI입니다. AI 시대에 대한 기대감이 주가를 한껏 끌어올렸는데, 이 흐름이 닷컴 버블처럼 주저앉지는 않을지 우려하는 목소리도 나오고 있습니다. 이런 상황에서 앞으로 어디에서 가치가 생길지 어떻게 판단해야 할까요?

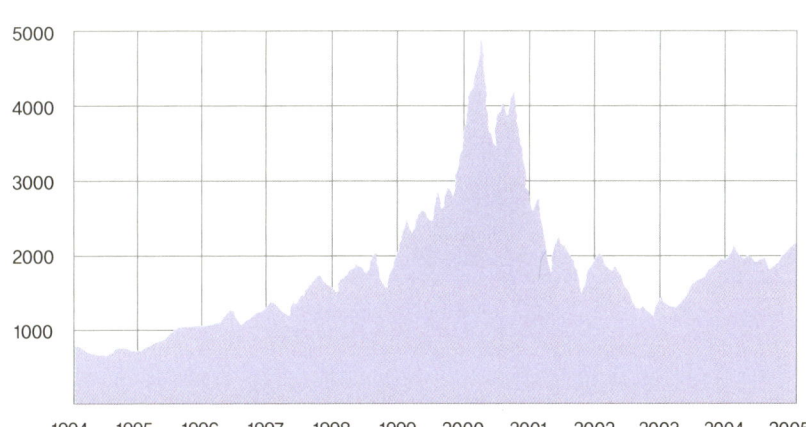

A "10년 전에 어떤 주식을 사서 안 팔고 계속 있었는데, 마이너스 30%가 됐거든요."

이렇게 말하는 사람이 충분히 있을 수 있습니다. 무조건 오래 가지고 있다고 가치가 올라가는 것은 아니에요. 중요한 것은 가치가 올라갈 주식을 찾아서 투자하는 거죠.

"가치가 올라갈 주식을 찾아야 합니다"

어디에서 가치가 생길까요? 이 답을 찾으려면 당연히 공부를 통해 펀더멘털에 기초한 투자를 해야 합니다. 제가 스커더에서 코리아펀드를 높은 수익률로 운용한 비결도 다른 데 있는 게 아닙니다. 아주 심플하죠.

아직도 생생히 기억나는 풍경이 하나가 있습니다. 제가 미국에 있었던 1980년대는 이제 핸드폰을 들고 다니는 시대가 열릴 것이라는 얘기가 심심치 않게 나올 때였습니다. 그때 <뉴욕타임즈>에 이런 내용의 기사가 실렸습니다. "사람들이 모두 핸드폰을 들고 다니는 시대는 100년 후에나 가능한 일이다"라고 말이죠. 그러나 불과 몇 년 후에 카폰이라는 자동차 전화가 나왔습니다. 비록 차가 있어야 했지만 이동하면서 통신이 가능한 시대가 열린 것입니다. 당시에는 모두가 공중전화를 쓰던 때였기 때문에 카폰은 부의 상징으로 통했습니다.

저는 이러한 광경을 보면서 이동통신이 엄청난 시장이 될 것이라고 생각했습니다. 제가 코리아펀드를 운용하며 한국이동통신(SK텔레콤)을 처음 샀을 때가 1991년도였는데 그때 한국이동통신의 주가가 1년에 100%씩 늘었습니다. 저는 진짜 새로운 시대가 열렸구나 하는 생각에 흥분을 감출 수가 없었죠. 주식과 투자의 개념을 이해하고 있다면 이런 상황에서 흥분하지 않을 수 없었죠.

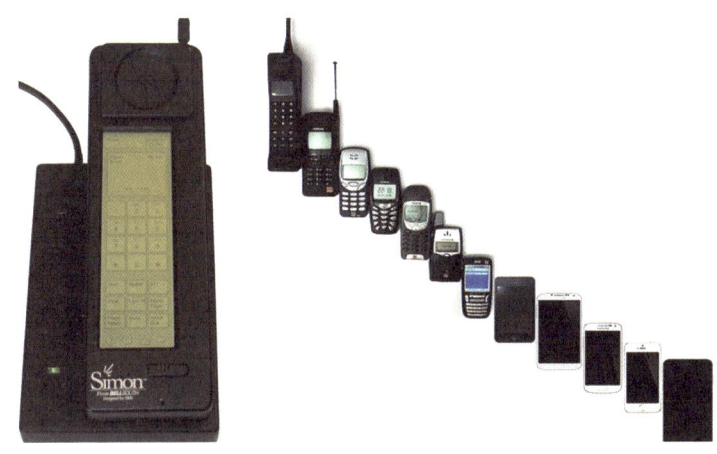

그런데 지금은 어떻게 됐나요? 10년 정도 지나니 한 사람이 두 개씩 폰을 갖기도 하는 시대가 됐습니다. 이후 이제는 그 성장이 둔화되겠다 싶은 시기가 오자 주가가 440만 원 정도일 때 팔았습니다. 무려 140배의 수익을 올렸습니다.

결국 주식투자는 '시간'과 '확신'의 문제입니다. 이를 이해하는 사람과 이해하지 못하는 사람이 갖는 부의 차이는 실로 엄청난 것입니다.

'앞으로 세상은 어떻게 변할까?' 이런 생각은 누구나 해볼 수 있습니다.

전혀 어려운 게 아닙니다. 이동통신 다음엔 무엇이 나왔나요? 바로 인터넷입니다. 말도 안 되는 일이라 여기던 이동통신이 세상을 바꾼 것처럼, 인터넷이 또 새로운 세상을 열었습니다. 인터넷으로 화상통화를 하고 쇼핑을 하는 등 매 시간 우리는 인터넷으로 많은 것을 합니다. PC로 하던 것이 이제는 스마트폰 하나로 가능해졌죠. 지금의 발전이 누구도 상상할 수 없는 일이었을까요? 아닙니다. 조금만 관심을 가지고 약간의 상상력만 발휘하면 누구나 알 수 있는 일이죠.

이제는 AI가 세상을 변화시키고 있습니다. 지금 챗GPT를 유료로 쓰는 사람은 얼마나 될까요? 유료로 쓰는 사람이 계속 늘어날까요? 챗GPT보다 이를 뛰어넘는 기술도 등장하게 될까요? 이런 질문에 답을 해보는 것만으로도 인사이트를 얻을 수 있습니다.

"조금의 관심과 약간의 상상력이면 가치를 찾을 수 있습니다"

가치는 누구나 충분히 예측할 수 있는 것에서 찾을 수 있습니다. 다만 이를 자신의 투자와 연결하지 못하는 것일 뿐입니다.

"가치를 창출하는 곳은 어디인가?"

이 질문을 계속해서 따라가다 보면 답은 충분히 찾을 수 있습니다. 많은 사람이 '아, 나도 그때 그거 알았는데, 그때 그렇게 했으면 좋았을 텐데…' 하고 후회합니다. 그런데 왜 그때 그렇게 못 했을까요? 당시에는 '정말 이게 될까?'라고 생각하는 데서 생각을 멈췄기 때문입니다. 생각을 확신으로 만들지 못한 것이죠.

다시 여러분께 질문을 던져 보겠습니다.

"앞으로 어떤 세상이 올까요?"

이 질문의 답은 하나가 아닙니다. 수많은 가능성이 존재하죠. 이를테면 지금은 사람의 수명이 길어졌으니 헬스케어 분야에서 가치를 찾을 수 있을 것입니다. 저 역시도 헬스케어는 충분히 큰 시장이 될 수 있고, 큰 부가가치가 일어날 수 있을 것이라고 봅니다.

이렇게 생각을 확장시켜 나가는 것이 주식투자입니다. 상상력을 키우면서 거기에 내 자본과 노력, 아이디어를 투여하는 것이죠. 말하자면 스티브 잡스한테 동업하자고 전화할 필요가 없이, 우리는 그저 주식을 사기만 하면 됩니다.

만약 관련 분야의 지식이 부족하다면 책이나 유튜브, 경제신문을 통해서 전문가들의 소견과 현재 전 세계에서 벌어지고 있는 일들에 대한 지식을 쌓아볼 필요가 있습니다. 우리나 아이들이 공부를 하는 이유는 공부 자체가 아니라 공부를 통해서 더 나은 생각을 할 수 있기 위함이잖아요. 다른 여러 사람의 생각을 통해서 나만의 생각을 만들 수 있으려면 우선 다른 사람의 분석과 정보에 익숙해질 필요가 있습니다.

그러다 보면 아이들과 이야기할 수 있는 주제의 폭도 넓어질 것입니다. 엄마가 지식을 쌓아 아이들과 함께 이야기하다 보면 아이들에게도 가랑비에 옷 젖듯 경제 지식과 경제 사고력이 장착될 것입니다. 아이가 성장하는 동안 계속 대화를 하고 대화 속에서 나온 아이디어로 한 주 한 주 주식을 모아보세요. 그리고 그게 불어나는 경험을 아이와 함께해보세요. 아이의 자산과 함께 아이의 사고력도 풍부해질 것입니다.

**아이를 위해 모은 자금은
언제 어떻게 사용할까요?**

아이와 함께 투자를 시작하고, 경제 대화를 시도하려고 하신 분들은 경험해보지 못한 미래에 대해서 아직은 반신반의하실 것입니다. 그럼에도 불구하고 미래에 어느 순간에 내가 그 자리에 가 있을 때 예상했던 것과 큰 괴리 없이 그 시간을 맞이할 수 있도록, 내가 믿음을 갖고 차곡차곡 시간과 노력을 들여 쌓았던 것들이 적절한 곳에 쓰일 수 있도록 대비를 해야 할 텐데, 10년, 20년 아이를 위해 꾸준히 모은 자금들은 언제 어떻게 사용하면 좋을까요?

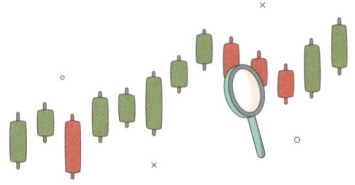

A 꾸준히 모은 자산으로 무엇을 할지 계획을 세우는 것은 상상만으로도 기쁜 일입니다. 앞서 언급했던 원칙을 잘 지켰다면 분명 예금이나 적금의 수익률과는 비교할 수 없을 정도로 자산이 커져 있을 것입니다. 물론 어떤 예상치 못한 이벤트로 잠시 주식시장이 약세를 보일 수도 있어요. 하지만 주식시장은 머지않아 다시 회복할 것입니다.

실제로 미국의 S&P500 지수도 예상치 못한 이벤트에 크게 출렁였어요. 2000년 닷컴버블, 2008년 서브프라임 모기지 사태, 가장 최근의 코로나까지…. 증시는 하락했지만 결국은 다시 회복을 했습니다.

어떤 분들은 회복하지 못하면 어쩌나 걱정하실 분도 계실 수 있어요. 하

지만 우리의 삶을 생각해보면 의심의 여지가 없습니다. 사람들도 어떤 대외 환경에 잠시 충격을 받을 수 있지만 그렇다면 이 상황을 어떻게 극복할까 노력을 하고, 곧 정상적인 삶으로 돌아가죠. 기업도 마찬가지입니다. 어떤 타격을 받으면 이걸 어떻게 극복할까 노력하겠죠. 그리고 다시 재정비하고 또 기업활동에 매진할 것입니다.

주식시장은 기업의 실적과 기대감을 반영하기 때문에 기업이 다시 움직이면 살아납니다. 그리고 어떤 타격이 왔을 때 기업들은 멈추지 않는데, 시장에 투자를 하는 거대 자금들이 잠시 깜짝 놀라서 자금을 잠시 회수할 수는 있겠죠. 하지만 다시 기업이 움직이고, 충격이 사그라들 때쯤에는 다시 자금을 투입하게 될 것입니다. 주식시장에 투자하는 주체 중 상당수가 전문적으로 자금을 운영해서 수익을 내야 하는 기업이기 때문입니다. 이들도 기업활동(투자)을 지속해야 하기 때문에, 이들이 다시 움직이면 주식시장은 다시 살아나서 움직입니다.

"투자를 멈추지 마세요"

자, 이제 아이들의 자금을 갖고 뭘 하면 좋을까요? 정답은 투자를 지속하는 것입니다. 아이가 성인이 됐다고 해서 흥청망청 써버리면 그간의 노력들이 물거품이 될 수 있습니다. 아이가 소득이 생기기 시작한 순간부터는 아이가 주체적으로 스스로 투자를 할 수 있도록 권한을 넘겨주면 됩니다. 어렸을 때부터 아이와 함께 투자에 대한 대화를 나눴다면 아이도 많은 투자 인사이트가 쌓여 있을 것입니다.

물론 돈이 필요할 때는 일부 주식을 환매해서 사용할 수도 있겠죠. 예를 들어 대학 등록금이 필요하거나 아이가 배낭여행을 간다고 할 때 일부를 환매해서 자금을 마련할 수 있죠. 상기석으로 주식을 꾸준히 모아왔다면 일부 자금을 쓰더라도 여전히 나의 자산은 플러스 상태일 가능성이 높습니다. 아이와 함께 시간과 노력을 차곡차곡 쌓은 결과물로 해외 배낭 여행을 간다고 한다면 얼마나 뿌듯한 일인가요?

아이 스스로가 주식을 모으는 재미에 이미 푹 빠졌다면 소득이 생겨도 소비를 하기보다는 주식을 모으는 데 더 큰 돈을 투자하게 될지도 모릅니다. 아이는 직장생활을 하거나 사업을 시작해 예상치 못한 좌절을 겪더라도 든든한 자금을 바탕으로 다시 일어날 수 있고 상처가 깊지 않을 수도 있습니다. 그렇게 30년간 더 투자를 지속한다면 아이의 노후는 걱정이 없고, 결혼을 하거나 집을 살 때도 큰 도움이 될 것입니다. 혹시 창업을 하겠다고 하면 든든한 창업자금이 될 수 있습니다.

하지만 아이가 어렸을 때 이런 탄탄한 준비를 해놓지 않았다면 어떨까요? 수백만 원 하는 아이의 등록금을 낼 때마다 부모는 허덕여야 하고, 아이의 시야를 넓혀줄 다양한 경험들을 놓칠 수도 있습니다. 아이는 생활비를 버느라 어쩔 수 없이 회사를 다녀야 할 상황에 닥칠 수도 있습니다. 얼마나 가슴 아픈 일인가요? 미래를 구체적으로 그려보니 아직 아이를 위한 투자를 시작하지 않은 분들은 지금 당장이라도 시작해야겠다는 생각이 드시겠죠. 아이와 꾸준히 세상과 기업에 대해 이야기하고 자금을 관리해왔다면 그다음엔 아이가 스스로 할 수 있도록 아이를 믿어주기만 하면 됩니다.

step 5

아이에게 집이 되지 않도록

엄마도 노후 준비하기

Q1 국민연금을 열심히 내고 있는데, 추가로 노후 준비를 더 해야 할까요?

아이의 자산관리에 성공했다고 하더라도, 엄마의 노후 준비가 안 돼 있으면 어떨까요? 엄마가 노후에 쓸 돈이 없으면 부모가 아이에게 짐이 될 수 있습니다. 아이의 투자를 시작하는 이유는 아이가 경제적으로 독립하고 스스로 미래를 설계해나갈 수 있도록 하기 위함입니다. 엄마도 노후에 일을 하지 않아도 생활을 하는 데 아무런 무리가 없도록 미리 준비를 해야 합니다. 사실 아이들보다 더 시급한 것이 엄마의 노후 준비라고 할 수 있습니다. 엄마의 노후 준비를 위해서 가장 먼저 해야 할 것은 무엇일까요?

A 앞서 아이들의 미래를 위한 준비를 하는 과정에서 주식투자에 대한 두려움을 떨치고, 주식에 왜 투자해야 하는지, 왜 빨리 시작해야 하는지 이해했다면 엄마들의 노후 준비도 한시라도 늦춰서는 안 됩니다. 아이의 미래 준비와 같이 엄마의 노후 준비도 병행하지 않으면 아이를 위한 투자도 성공적인 마무리를 하지 못할 수도 있습니다.

한 가지 짚고 넘어가야 할 것이 있습니다. 만약 엄마의 노후 준비가 안 돼 아이 계좌에서 모으고 있던 목돈을 다시 엄마계좌로 옮기게 된다면 이 또한 증여에 해당되어 엄마가 증여세를 내야 한다는 점입니다. 그러니 아이가 증여세를 내지 않기 위해 장기적으로 계획을 세우고, 미리 증여신고를 하고, 꾸준히 돈을 넣었던 것에 재를 뿌리지 않기 위해서는 엄마도 미리미리 노후 준비를 해야 합니다.

엄마의 노후 준비도 아이의 미래 준비와 크게 다르지 않습니다. 다만 엄마와 아이의 차이라면 아이는 좀 더 긴 시간을 투자할 수 있다는 것이고, 엄마는 노후를 준비할 시간이 아이에 비해서는 상대적으로 짧다는 것이지요. '상대적'으로 짧은 것이지, 이미 늦었다는 것은 아닙니다. 하지만 지금이라도 준비를 안 하면 노후에 더 큰 후회를 할 수 있습니다. 아이보다 노후 준비 기간이 짧은 만큼 아이보다 더 많은 돈을 모아야 풍요로운 미래를 맞이할 수 있습니다.

"은퇴 이후에도 현금이 나오도록 대비하세요"

요즘은 100세 시대입니다. 직장에서는 은퇴를 했더라도 돈을 써야 할 시간이 아직 많이 남아 있습니다. 60세에 은퇴를 했다고 하더라도 요즘 한국 여성의 평균수명은 90세가 넘으니 30년간은 더 살아야 합니다. 이때 노후 준비가 안 돼 있으면 어떨까요? 돈을 쓸 곳은 많고, 벌 곳은 없습니다. 몸도 예전 같지 않아서 여기저기 아프고 병원비도 많이 나올 텐데, 돈이 나오는 곳이 없으면 나의 삶이 어떨지 한번 상상해보세요. 우리는 은퇴 이후에 우리의 생활에 대비해야 합니다.

따라서 여력이 있다면 은퇴 이후에도 수입이 나올 곳을 만들어두고, 그 돈으로 투자를 지속해야 합니다. 내가 모아둔 돈을 조금씩 빼서 쓰다가는 더 늦은 노후에 쓸 돈이 없어지는 비극적인 상황을 맞이할 수도 있습니다. 현재 법적 정년은 60세이지만, 국민연금 수급 개시 연령이 2033년부터 63세에서 65세로 늦어집니다. 일반적으로 기업에서 법적 정년을 채우지 못하고 퇴직하는 것을 감안하면, 길게는 10년까지 공백기간이 늘어날 수 있습니다. 그 기간 동안 현금흐름이 나오도록 내가 할 수 있는 일을 만들어두어야 하고, 그 돈은 은퇴 이후에도 계속 투자돼야 합니다.

특히 아이를 보험으로 생각해서는 안 됩니다. 우리 아이들의 삶은 지금보다 더 팍팍할 수 있습니다. 급여 상승률은 높지 않은데 물가상승률은 높고, 고령화로 국가의 많은 예산이 노인 복지를 위해 사용될 것입니다. 우리 아이들은 나의 부모는커녕 자기 스스로를 건사하기도 힘든 상황이 될 수 있습니다.

"연금 계좌, 잘 운용되고 있나요?"

부모님들이 가장 먼저 확인해야 할 것은 나의 연금계좌가 잘 운용되고 있는지 확인하는 것입니다. 만약 직장인이라면 회사에서 퇴직연금을 운용하고 있습니다. 하지만 대부분이 자신의 퇴직연금이 DC형(확정기여형)인지 DB형(확정급여형)인지도 잘 모르는 경우가 많습니다. 회사의 경영진조차 여기에 관심이 없어요. 하지만 자신의 퇴직연금에 관심을 갖는 것이 첫 번째 시작입니다.

노후를 준비할 때 연금제도에 대한 이해는 필수입니다. 연금제도는 크게 공적 연금과 사적 연금으로 분류됩니다. 공적 연금은 다 알고 있는 국민연금이에요. 사적 연금은 퇴직연금과 연금저축을 말합니다. 국가 주도하에 가입되고 관리되는 국민연금을 제외하고, 사적 연금인 퇴직연금과 연금저축을 우리는 적극 활용할 필요가 있습니다.

우선 퇴직연금은 근로자의 노후 소득 보장을 위해 근로자 재직기간 중 퇴직금을 금융기관에 적립하고, 이 재원을 운용해 근로자가 퇴직할 때 연금 또는 일시금으로 지급하는 제도입니다. 이때 금융회사에 적립되는 금액을 기업이 운용하면 DB형(확정급여형), 근로자가 운용하면 DC형(확정기여형)이라고 할 수 있습니다.

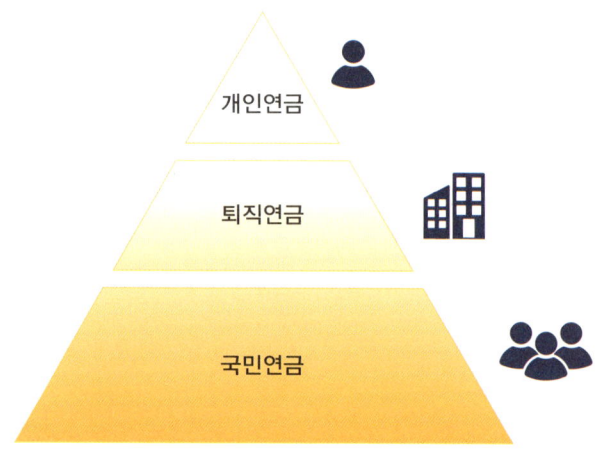

　DC형은 근로자가 스스로 적립금을 운용하고 그에 따라 얻어지는 손익을 최종 연금으로 지급받습니다. 만약 회사에 DC전환 신청을 하면 직전 3개월 평균임금에 근속연수를 곱한 것을 기준으로 내 DC 계좌에 입금됩니다. DC전환시 퇴직금 정산을 받더라도 이후 근로상태에 있다면 매년 또는 분기별로 월급의 8.3%에 해당하는 돈을 회사가 추가로 적립해 줍니다.
　한국의 근로자들은 스스로 운용할 줄 몰라 대부분 DB형을 택하고, 간혹 DC형으로 택하더라도 예금 등 원금보장형 상품을 선택하는 경우가 많습니다. 퇴직연금의 일정부분은 반드시 주식형 펀드에 투자하는 것이 중요합니다. 자신의 노후자금은 자신이 운용해야 합니다.

미국 퇴직연금 '401K' 덕에 쏟아지는 백만장자

2018년 8월, 미국 CNBC 방송에서 흥미로운 보도를 했습니다. 미국의 401K 덕분에 백만장자가 된 사람이 1년 만에 41%나 증가했다는 내용입니다.

401K는 미국의 퇴직연금 제도입니다. 우리나라로 치면 DC형과 비슷한 형태로 운용되는 자금입니다. 401K는 대부분 주식이나 주식형 펀드로 운용됩니다. 따라서 자연스럽게 30년 이상 장기적으로 주식투자를 하게 된 것이지요. 401K의 확산을 위해서 일부 기업에서는 기업이 법적으로 줘야 하는 돈 이상으로 지원을 해주면서 직장인들이 이 제도를 많이 택했습니다.

예를 들어 기업에서 월급의 8.3%를 적립해주는데, 이보다 더 많은 적립금을 DC 계좌에 넣어주면서 주식운용을 장려한 것이지요. 강제로 주식에 장기적으로 투자한 결과, 복리효과를 최대로 얻은 이들은 백만장자가 됐습니다. 이 제도를 통해 퇴직연금 운용의 정석을 배울 수 있습니다. 내가 번 돈의 일부를 주식형으로 꾸준히 장기적으로 투자하는 것입니다.

하지만 반면에 한국에서는 퇴직연금 덕분에 부자가 됐다는 얘기를 아직까지 들어보지 못했습니다. 그 이유는 퇴직연금에서 주식에 투자하는 비중이 미미하기 때문입니다. 한국의 퇴직연금은 90% 이상이 원금보장형 상품에 투자되고, 주식에 투자되는 비중은 5%가 채 되지 않습니다. 원금보장을 선호하는 성향과 제도에 대한 이해부족, 금융지식의 부족이 초래한 안타까운 현실입니다. 퇴직연금 부자가 되려면 나의 퇴직연금이 잘 굴러가고 있는지 체크해보는 게 가장 먼저 해야 할 일입니다.

"당신의 퇴직연금 잘 운용되고 있나요?"

◆ 왜 하루라도 빨리 퇴직연금을 운용해야 하는지 이해하려면 먼저 제도의 취지를 이해하면 좋습니다. '퇴직연금' 제도는 당초 '퇴직금' 제도에서 변형됐습니다. 퇴직금 제도는 회사가 직원들의 퇴직 이후 생활을 위해 월급의 일부를 떼서 회사 내 금고에 모아두는 제도입니다. 직원들의 퇴직금을 관리하는 주체가 회사인 거죠.

그런데 회사 내 금고에 모아뒀더니 문제가 자꾸 생겼습니다. 회사가 망해버리면 직원들은 자신의 월급으로 모아둔 자금을 만져보지도 못하고 날리는 것입니다. 또 회사가 어려울 때는 직원한테 줄 돈에 회사가 손을 대는 경우도 있습니다.

이런 상황이 자꾸 터지자 정부에서 앞으로는 직원 퇴직금을 회사 내에 두지 말고 제3의 기관에 맡기도록 법을 바꿨습니다. 이렇게 나온 것이 퇴직연금 제도입니다.

퇴직연금 제도가 시행된 것은 2005년입니다. 그때는 지금처럼 주식투자가 활발하지도 않았고, 대부분 은행과 보험에 돈을 맡겨두는 시대였습니다. 그러니 이

자금들이 대부분 보험과 은행으로 흘러들어 갔습니다. 은행과 보험은 안전하다는 인식이 있었기 때문이죠. 회사는 수많은 직원들이 돈을 모아 은행과 보험에 넣어두고 잘 '보관'만 하고 있는 상황입니다.

몇 해 전, 실제로 이 자금들이 잘 운용되고 있는지 취재해봤습니다. 어떤 기업들을 조사대상으로 삼을까 고민하다가 정부가 소유한 주요 공기업 20개를 살펴봤습니다. 이유는 공기업들의 퇴직금이 제대로 운용되지 않으면 나중에는 국민들의 세금으로 공기업 직원들의 퇴직금을 줘야 하는 문제도 발생할 수 있기 때문입니다. 공기업은 국회의 피감 기관이기 때문에 국회를 통하면 퇴직연금 운용 실태 자료를 빠르게 확보할 수 있겠다는 아이디어도 떠올랐습니다.

결과는 예상과 다르지 않았습니다. 20개 공기업의 평균 퇴직연금 수익률은 2.3%에 불과했습니다. 대부분 은행, 보험에 '원금 보장형' 상품으로 넣어두었기 때문입니다. 퇴직연금 담당자에게 "수익률이 왜 이렇게 낮냐?"라고 질문했더니, "직원들의 노후 자금이기 때문에 손실이 나면 안 돼서 원금보장형에 넣고 있다"는 답변이 돌아왔습니다.

이 사례만 봐도 알 수 있습니다. 정부는 국민들에게 국민연금 이외의 방식으로 노후를 준비를 하도록 권장하고 있지만, 정부산하 공기업에서조차 퇴직연금이 제대로 운용되지 않고 있었습니다. 일반 사기업의 상황도 다르지 않을 것입니다.

그도 그럴 것이, 각 기업의 퇴직연금 담당자도 전문 펀드매니저가 아니라 우리처럼 보통의 일반 직원이기 때문입니다. 운용지식이 있는 것이 더 이상하죠. 그 담당자가 설령 운용지식이 있어 자신의 연금은 잘 운용하더라도, 회사 직원들의 퇴직연금을 주식형 펀드에 운용하기는 쉽지 않을 것입니다.

예를 들어 코로나처럼 증시가 일시적으로 폭락한 시점에 퇴직자가 생겨 퇴직연금이 마이너스 상황이라면, 많은 책임이 그 퇴직연금 담당자에게 돌아갈 것이 불 보듯 뻔하기 때문입니다.

이런 상황을 감안하면 나의 퇴직연금도 잘 굴러가지 않고 있을 가능성이 높습니다.

일단 우리 회사가 퇴직금 제도를 택하고 있는지, 퇴직연금 제도를 택하고 있는지 따져보고, 퇴직연금 제도를 택하고 있다면 DC형으로 전환이 가능한지 문의해보세요. 일반적으로 회사는 DB형을 채택했다고 하더라도 DC형으로 전환할 수 있는 제도를 운영하고 있습니다. 나의 퇴직연금이 잘 운용되고 있는지 확인하는 것이 시작입니다.

무엇부터 시작해야 할까요?

기획재정부에 따르면 지난 2023년 기준 국민연금 지출액은 43조 3,729억 원으로 집계됐습니다. 지출액은 매년 평균 10.3%씩 늘어 2028년에는 64조 1,464억 원으로 확대될 전망입니다. 인구가 고령화되면서 이 돈을 받아야 할 사람은 많아지고, 내는 사람은 줄어들고 있기 때문입니다. 줘야 할 돈이 많아지면서 부담을 느낀 정부가 국민연금 수급개시 연령을 점점 상향조정하고 있는데, 이 때문에 조기 수령을 하는 사람이 많아진 것도 원인입니다. 이런 상황에서는 국민연금만 믿고 있기 불안하고, 직장이 없는 분들은 퇴직연금조차 없을 가능성이 높습니다. 그렇다면 미래를 위한 준비가 거의 안 돼 있다고 해도 과언이 아닙니다. 이런 경우에는 구체적으로 어디서 어떻게 나의 미래자금을 운용해야 할까요?

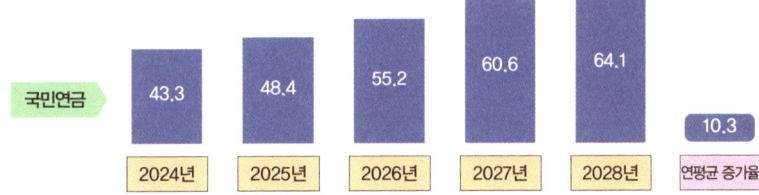

A 국민연금과 퇴직연금만으로는 노후 준비가 충분하지 않습니다. 자영업자나 프리랜서의 경우에는 퇴직연금조차 없을 가능성이 높죠. 이럴 때 개인이 추가적으로 선택하는 것이 '연금저축'입니다. 연금저축은 계좌 이름입니다. 최소 5년 납입하고 55세 이후에 인출하는 상품입니다. 다양한 세제혜택을 제공하기 때문에 노후 준비에 가장 적합한 계좌입니다.

"연금저축펀드를 우선 가입하세요"

금융회사별로 보험사에서 연금저축보험, 은행에서 연금저축신탁, 증권회사에서 연금저축펀드가 운용됩니다. 연금저축신탁은 보험과 펀드의 중간 성격을 갖고 있었는데, 노후 준비에 적합하지 않다는 판단에 따라 2018년부터 신규가입이 불가능해졌습니다. 따라서 현재는 신규가입은 연금저축보험, 연금저축펀드 중에 하나를 선택해야 합니다.

구분	연금저축신탁	연금저축펀드	연금저축보험
운용주체	은행	증권사	보험사
납입방식	자유납	자유납	정기납
적용금리	실적배당	실적배당	공시이율
연금수령기간	확정기간	확정기간	종신, 확정기간(생명) 확정기간(손해)

원금보장	일부 상품 보장	비보장	보장
예금자보호	적용	비적용	적용

*연금저축신탁 원금보장: 2017년까지 가입한 상품에 한해 보장됨
*연금저축신탁: 2018년도부터 신규 가입 불가
*예금자보호: 예금자 1인당 원금과 이자 총액 최고 5천만 원까지 보호하는 제도

저는 단연 증권사에서 가입하는 연금저축펀드를 추천합니다. 수수료가 가장 저렴하고 다양한 자산에 투자가 가능합니다. 특히 저렴한 수수료로 간편하게 사고팔 수 있는 ETF 투자가 가능해 증권사에서 연금저축을 가입하는 사람들이 늘어나고 있습니다.

하지만 연금저축 계좌를 보험사에서 한 분들이 많으실 겁니다. 그런데 연금저축보험은 내가 직접 운용하는 것이 아니라 보험사 직원에게 운용을 맡기는 것입니다. 그러니 연금저축보험은 사업비 명목으로 매월 4~10%의 지불해야 합니다. 사업비를 제하고 난 나머지 금액이 나의 노후자금으로 운용되는 것입니다. 시작부터 높은 수수료를 지불하는 것이지요. 따라서 가입한 후 원금에 도달하려면 최소 4년, 평균 10년 이상이 소요됩니다.

연금저축보험도 세액공제가 가능하긴 합니다. 1년에 400만 원 한도로 16.5%까지 공제받을 수 있습니다. 하지만 납입기간과 횟수를 모두 채워야 이 혜택을 받을 수 있습니다. 가입자들 중 2회 이상 보험료를 내지 못해 중도해지하는 사람들을 흔하게 볼 수 있습니다.

하지만 연금저축펀드는 중간에 납입하지 못해도 문제가 안 됩니다. 장기적으로 고수익을 추구할 수 있고, 자유로운 포트폴리오를 구성할 수 있습니다. 실제로 연금저축 상품 수익률 평균치를 보면 연금저축펀드 수익률이 가장 높게 나타났습니다.

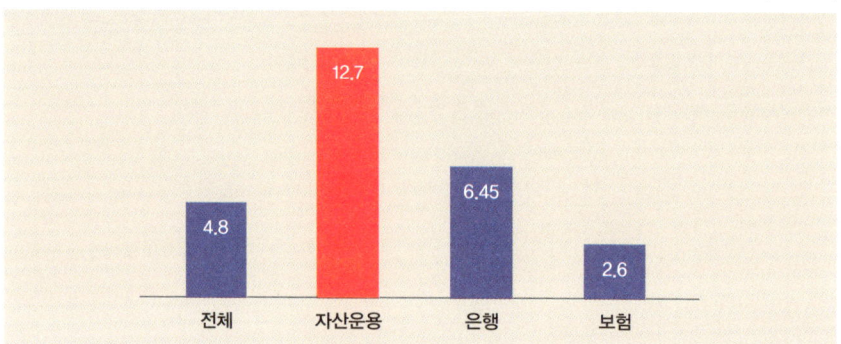

*분기 수익률은 회사별 적립금 잔액 비중으로 가중평균   출처: 금융감독원 통합연금포털 자료

　연금저축펀드도 세제혜택이 있는데 연간 600만 원까지 세액공제를 받을 수 있습니다. 연금을 운용해서 생긴 이익에 대해서도 연금 수령이 시작되기 전까지는 세금을 부과하지 않습니다. 55세 이후에 수령할 경우 세금이 줄어드는데, 늦게 수령할수록 세율이 낮아집니다. 앞서 아이들의 계좌 선택 시 연금저축펀드의 세금 이연에 대해서 자세히 설명해놓았으니 다시 한 번 참고해보세요. 세액공제 혜택을 받은 금액에 대해서는 55세 이후에 인출하면 최대 5.5%로 세율이 낮아지고, 80세 이후에 인출하면 3.5%로 낮아집니다.

"추가납입이 가능하다면 개인형 퇴직연금 IRP"

　연금저축펀드와 함께 IRP까지 추가로 할 수 있다면 금상첨화입니다. IRP는 개인형 퇴직연금입니다. IRP는 개인의 노후를 위해 자율적으로 가입할 수 있습니다. 특히 퇴직연금을 강제적으로 월급에서 미리 떼어놓지 않는 프리랜서나 자영업자는 꼭 가입해서 은퇴 이후를 준비하는 것이 좋습니다.

연금저축펀드와 IRP를 더해 1년에 900만 원까지 세액공제가 가능하고, 1,800만 원까지 납입할 수 있습니다. 따라서 연금저축펀드에 600만 원, IRP에 300만 원을 입금하면 세액공제 혜택을 다 이용할 수 있고, 900만 원을 추가로 납입하면 최대 1,800만 원을 연금계좌에서 모을 수 있습니다.

연금저축펀드에 세액공제 금액을 초과납입해서 좋은 점은 중도인출이 자유롭다는 점입니다. 세액공제를 받지 않은 금액에 대해서는 추가세금 부과 없이 인출할 수 있습니다.

따라서 연금저축펀드만 잘해도 노후 준비는 충분합니다. 해마다 1,800만 원은 큰돈입니다. 부부가 따로 하면 1년에 3,600만 원인데 최대 한도를 채우기만 해도 노후 준비는 얼추 갖춘다고 볼 수 있습니다.

절세효과

[지방소득세 포함]

구분	기준	공제율		세액공제액
개정	총 급여 5,500만 원 (근로소득만 있는 경우) 또는 종합소득금액 4,500만 원	이하	16.5%	최대 1,485,000원
		초과	13.2%	최대 1,188,000원

연금저축펀드 세액공제금액은 소득별로 다릅니다. 연 급여가 5,500만 원 이하면 16.5%, 5,500만 원 초과면 13.2% 공제 혜택이 있습니다. 최대 900만 원까지 납입했다면 연말에 148만 5,000원, 118만 8,000원을 연말정

산에서 돌려받을 수 있습니다.

다만 소득공제를 받은 금액에 대해서 만약에 55세 이전에 수령한다고 하면 이 혜택을 정부에 돌려줘야 합니다. 일반 금융소득세가 15.4%라고 하면 기타 소득에 대해서는 16.5%라는 더 높은 세금을 떼야 한다는 점을 기억하고, 연금저축펀드는 항상 장기적으로 운용하는 것이 좋습니다.

"은행원들도 퇴직연금 운용 증권에서…"

몇 해 전 외국계 은행인 씨티은행이 한국 시장에서 소매금융 사업을 철수했습니다. 기업 대상 사업만 남겨두고 돈이 안 되는 개인 금융 사업은 접은 것입니다. 때문에 소매금융 직원 2,000여 명이 퇴사하고, 이들이 퇴사할 때 받아야 할 퇴직금도 시중의 금융기관으로 풀리게 되는 상황이었습니다.

씨티은행은 퇴직연금이 아니라 퇴직금제도를 채택하고 있었는데, 이 퇴직금은 법적으로 개인형 퇴직연금 IRP 계좌로 지급돼야 했습니다. 씨티은행 안에 묶여 있던 자금 1조 2,000억 원이 시중 금융권으로 이동하게 되는 것이지요. 이 자금을 끌어오려는 금융권이 빠르게 움직였습니다.

그런데 퇴직연금 제도가 시행됐던 초기와는 상황이 많이 달라졌습니다. 사람들이 나의 노후자금을 원금보장형에 두는 것이 '안전하지 않다'는 사실을 알게 된 것이지요.

> [단독] 은행원이 선택한 퇴직연금
> 미래에셋, 시티銀 유치 1위

결과는 어땠을까요? 은행 직원들도 80% 이상이 증권사로 퇴직금을 옮겼습니다. 원금보장과 이자혜택 외에도 자산가격 상승과 배당을 추가한 것이지요. 특히 거래비용을 줄이고 편하게 주식에 투자할 수 있는 ETF 상품이 확대되면서 증권사 퇴직연금의 인기가 높아졌습니다. 이때 증권사들은 'ETF 상품 최다보유'를 내세우며 자금 유치에 힘을 올렸습니다.

은행 직원들도 나의 노후를 위한 자금을 증권사로 옮겼다는 것은 큰 의미가 있는 일입니다. 앞으로 나의 노후를 책임져줄 자금인 만큼 꼼꼼히 따져보고 제대로 운용해야 합니다. 다만 연금저축펀드에 지나치게 많은 노후 자금을 모은다면 수령시 세액공제 혜택을 초과하는 세금을 낼 수도 있어서 주의해야 합니다. 55세 이후에는 월 100만 원씩 5.5%의 세금을 떼고 수령할 수 있는데 100만 원이 넘는 자금에 대해서는 기타소득세 16.5%를 내야 합니다. 그러니깐 연간 1,200만 원에 대해서만 세금 혜택을 받는 것입니다.

특히 10년 넘게 운용해 자산이 크게 불어났다면 그 자산을 모두 수령하기까지 꽤나 오랜 기간이 필요할 수 있습니다. 만약 이 자금을 일반 주식계좌에서 운용했다면 세액공제혜택을 받지는 못하더라도, 내가 원하는 시기에 돈을 뺄 수도 있고, 양도차익에 대해서도 세금을 내지 않아도 되는 장점이 있습니다.

하지만 지나치게 큰 돈이 연금계좌에 들어있다면 목돈이 필요할 때 내가 의도하지 않았던 높은 세금을 내고 인출해야 할 수도 있습니다. 따라서 투자계좌도 분산하는 것이 중요합니다.

연금저축, IRP, ISA 어떻게 달라요?

연금저축펀드나 IRP 계좌 외에도 성인이라면 꼭 가입해야 하는 계좌가 있습니다. 바로 개인자산종합관리 계좌 ISA입니다. 혜택이 많고, 투자할 수 있는 상품의 폭도 넓어서 '만능통장'이라고 불립니다. 금융투자협회에 따르면 2024년 6월 기준 ISA 가입자 수는 542만 5,800명으로, 전년 동기(474만 704명) 대비 68만 5,096명 증가한 것으로 나타났습니다. 퇴직연금과 개인연금 외에도 ISA 계좌를 별도로 운용해야 하는지, 또 연금계좌랑은 어떻게 다르게 운용해야 하는지 궁금합니다.

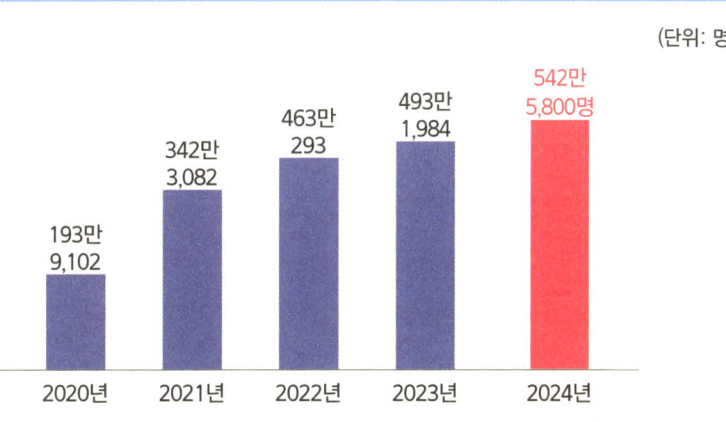

A 연금저축이나 IRP, ISA 모두 세제혜택을 주는 계좌입니다. 계좌의 성격이 조금씩 다르기 때문에 운용하는 자금의 성격도 달리해서 투자하는 것이 좋습니다. 그러려면 계좌가 주는 혜택과 장단점을 잘 파악해야겠죠. 연금저축펀드에서는 주식형뿐 아니라 채권형, 원자재 펀드, ETF, 리츠 등 다양한 금융상품에 가입할 수 있습니다. 다만 국내나 해외의 개별주식을 할 수는 없다는 단점이 있습니다. 또 연금저축펀드나 IRP는 55세 이전에 납입한 금액을 인출할 경우 더 많은 세금을 내야 하니 장기적으로만 자금을 운용해야 합니다.

"자금의 성격에 맞게 병행하는 걸 추천합니다"

반면에 ISA는 연금저축계좌에서 할 수 있는 투자상품 외에도 국내 주식과 ELS 등 더 많은 상품에 투자할 수 있다는 장점이 있습니다. 뿐만 아니라 의무가입기간이 3년이어서 비교적 단기적인 자금 운용을 계획을 세울 수 있습니다. 증권사 ISA 계좌는 미성년자는 가입할 수 없고 소득이 있는 성인만 가입할 수 있기 때문에 아이들은 운용이 어렵습니다. 하지만 성인이라면 연금저축펀드의 단점을 보완할 수 있기 때문에 두 가지를 병행해서 운용하면 좋습니다.

ISA(Individual Savings Account)

ISA란 개인자산종합관리계좌를 말합니다. ISA 계좌가 등장한 것은 지난 2016년입니다. 서민들의 자산증식을 위해서 만들어진 계좌로 은행에서 만들 수 있는 서민형, 일반형 ISA가 있습니다. 소득이 상대적으로 적은 사람은 서민형, 일반적으로는 일반형을 선택할 수 있습니다. 신탁형은 은행에서 만드는 계좌이기 때문에 은행에서 가입하는 펀드나 예금, 채권에 투자할 수 있지만 개별주식이나 ETF는 투자할 수 없다는 단점이 있습니다.

항목	서민형 ISA	신탁형 ISA	중개형 ISA
도입 시기	2016년	2016년	2021년
운용 방식	전문가가 운용하거나 투자자가 제한된 상품 선택	전문가 운용	투자자가 직접 주식, ETF 등 선택
투자 상품	예금, 펀드, 채권 등 (주식투자 불가)	예금, 펀드, 채권 등 (주식투자 불가)	국내 상장 주식, ETF 직접 투자 가능
세제 혜택	소득에 따라 비과세 혜택 강화	비과세 혜택	비과세 혜택
운용 방식의 자유도	낮음 (제한된 상품 선택)	낮음 (전문가 운용)	매우 높음 (투자자가 직접 투자)

2021년 증권사에서 가입할 수 있는 중개형 ISA가 등장했습니다. 주식과 ETF에 투자할 수 있는 장점 때문에 많은 분들이 이때 중개형 ISA를 가입했습니다.

저는 중개형 ISA를 추천합니다. 주식거래가 편한 계좌이기 때문입니다. ISA 계좌는 2025년 기준 연간 2천만 원, 5년간 1억 원까지 납입할 수 있습니다. 이 계좌에서 투자한 국내 주식에 대해서 발생한 이익에 대해서는 최대 200만 원까지 소득세 15.4%가 부과되지 않습니다. 또 초과분에 대해서

출처: 금융투자협회

도 9.9%만 과세됩니다. 실제로 일반 종합주식계좌에서 500만 원의 배당수익이 났다면 세율 15.4%를 적용해 77만 원을 내야 하지만, ISA에서 거래를 했다면 200만 원을 비과세되고 나머지 300만 원에 대해서는 9.9%만 과세해 총 29만 9,000원만 세금으로 내면 됩니다.

ISA 가입자별 개요			
구분	일반형	서민형	농어민형
가입요건	만 19세 이상 또는 직전 연도 근로소득이 있는 만 15~10세 미만 거주자	직전 연도 총급여 5,000만 원 또는 종합소득 3,800만 원 이하 거주자	직전 연도 종합소득 3,800만 원 이하 농어민 거주자
비과세한도	200만 원	400만 원	
비과세한도 초과시 과세방법	9.9%(지방소득세 포함) 저율 분리과세		
의무가입기간	3년		
납입한도	연간 2,000만 원, 최대 1억 원 (해당 연도 미불입 납입 한도는 다음 해로 이월 가능)		
중도인출	총 납입 원금 내에서 제한 없이 중도인출 가능 (인출 금액만큼 납입 한도 복원 안 됨)		

ISA의 경우 연금저축계좌나 개인형퇴직연금 IPR와 달리 의무 유지기간이 3년으로 비교적 짧은 편입니다. 연금저축이나 IRP가 회수까지 너무 오래 걸린다는 단점을 ISA가 보완해줄 수 있습니다. ISA의 장점은 의무기간이 3년이지만 만기를 길게 유지할 수도 있고, 3년 의무가입기간이 끝나면 해지하고 재가입할 수 있습니다. 재가입하면 계좌별로 제공됐던 비과세혜택이나 납입금액 한도 등이 새로 업데이트되니 비교적 중장기적으로 자금 운용계획을 세울 수 있습니다.

세제혜택 계좌별 ETF 투자 제한 사항 비교

구분	ISA(중개형)	개인연금	퇴직연금(DC/IRP)
투자가능 상품	ETF/펀드/주식 등	ETF/펀드 등	ETF/펀드/예적금 등
위험자산 투자한도	없음	없음	위험자산 최대 70%
레버리지/인버스	가능	불가	불가
선물 투자 ETF	가능	가능	불가
합성형 ETF	가능	가능	가능(일부만)
상장인프라/리츠	가능	가능*	가능
매매수수료	있음	있음	없음

* 연금저축펀드의 운용방식 및 투자대상 확대(2022.10.07)에 따라 10월부터 개인연금 내 공모 리츠 투자 가능. 단, 거래 가능 시점은 증권사별 상이

ISA에서는 ETF뿐 아니라 개별종목까지 투자할 수 있습니다. 앞서 아이 주식투자에 대한 설명에서 언급했듯이 초보자라면 S&P500 ETF나 나스닥100 ETF부터 시작해보세요. 만약 지수에 투자하는 펀드를 장기적으로 연금 계좌에서 운용한다면 ISA 계좌에서는 개별주식의 비중을 일부라도 가

져가 보는 것이 좋습니다. 개별종목 투자원칙도 앞서 언급했던 대로 1등 기업을 중심으로 투자하는 것이 좋습니다.

미래에도 꼭 필요한 기술력을 갖고 있어 망하지 않을 기업이며, 진입장벽이 높아 경쟁자가 쉽게 따라 하지 못하며 세상의 변화에 적극적으로 대응하는, 나의 파트너로 두어도 괜찮을 기업을 골라 꾸준히 주식을 모아보세요.

"의무가입기간 지난 ISA 갈아탈까? 유지할까?"

✦ 2021년 중개형 ISA가 등장했을 때 증권사들은 ISA 가입자를 끌어들이기 위해 공격적으로 영업활동을 했습니다. 2024년은 중개형 ISA 계좌의 의무가입기간이 끝나는 해로 증권사들은 새로운 가입자들을 끌어 모으기 위해 만반의 준비를 하고 있습니다. 그런데 가입자들도 '3년 의무기간'이 끝나면 어떻게 해야 하는 건지 혼란스러워 하시는 분들이 많습니다. 그래서 현재 나의 상황에 따라서 어떤 결정을 하는 것이 좋을지 다음 순서에 따라서 따져 보시기 바랍니다.

1. ISA 계좌는 의무 보유기간이 3년입니다. 비과세 혜택을 받으려면 3년간 의무적으로 보유해야 합니다.

2. 가입할 때 만기 설정을 언제로 했는지 계좌를 열어 확인해보세요. ISA 계좌는 만기를 마음대로 정할 수 있어서 길게 설정돼 있을 수도 있습니다.

3. 만약 만기를 3년으로 정하셨다면 만기를 앞두고 ❶연장하거나 ❷해지하거나 ❸개인연금(연금저축, IRP)으로 이전할 수 있습니다. 만기 연장은 만기 날짜 90일 전부터 하루 전날까지만 가능하고 당일은 연장이 안 되니 날짜를 꼭 확인해야 합니다. 계좌를 해지한다면 모든 자산을 다 팔고 현금화해야 합니다. 마이너스 상태면 마이너스 상태로 현금화해 해지해야 합니다.

4. 연금저축이나 IRP로 이전할 수 있습니다. ISA 계좌 납입금액 전체 다 이전할 수도 있고, 일부만 이전할 수도 있어요. 만약 이전한다면 이전 금액의 10%는 연말에 세액 공제를 추가로 받을 수 있습니다(최대 300만 원). 하지만 IRP 계좌는 55세 이후 찾아야 세금 혜택을 받을 수 있기 때문에 장기적으로 운용할 금액만 이전하는 게 좋습니다.

5. ISA는 해지하면 언제든지 재가입할 수 있습니다. 3년 의무보유 이후에 해지하고, 다시 가입하면 비과세 혜택이 조건이 다시 업데이트되기 때문에 다시 가입하는 사람도 많습니다. 현재는 배당소득, 이자소득에 대해 서민형은 400만 원, 일반형 200만 원까지 세금을 한 푼도 안 내도 됩니다. 재가입하면 3년마다 업데이트된 세제혜택 효과를 누릴 수 있어요. 만약 연장을 안 하면 처음에 설정된 금액 한도 내에서 비과세됩니다.

6. 만약 다시 ISA에 가입한다면 일단 만기를 길게 잡는 것이 좋습니다. 3년 의무기간만 채우면 이후에는 언제 해지하든 세제혜택이 사라지지 않습니다. 다음 3년이 지났을 때 또 연장할지, 해지할지, 개인연금으로 이전할지 결정할 수 있습니다.

**투자 포트폴리오를 어떻게 가져가야 할까요?
아이와 어떻게 차이가 날까요?**

앞서 살펴봤던 대로 중개형 ISA의 등장은 4년이 채 되지 않았습니다. 일반적으로 주식을 통해 자산을 모을 수 있다고 생각한 지가 얼마 되지 않았다는 방증입니다. 그렇다면 앞서 노후를 준비하신 분들은 연금저축펀드가 아니라 연금보험에 노후자금이 들어가 있을 확률이 높습니다. 이럴 경우 어떻게 해야 하나요? 그리고 지금 주식을 시작해도 늦지 않을까요?

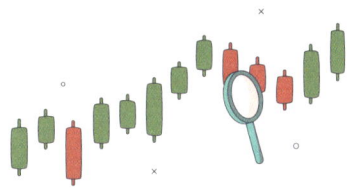

A 보험에 있는 연금계좌를 증권사로 옮기고 싶다면 이전 신청을 할 수 있습니다. 이전 신청을 하기 위해서는 이전하려고 하는 증권사를 선택해 연금이전 의사를 밝힙니다. 그러면 현재 가입하고 있는 보험사에서 이전 의사를 확인한 후 이전절차가 진행됩니다. 하지만 일부 자산을 제외하고는 보유한 자산을 매도해 현금으로 환급한 후 연금저축펀드로 옮겨와 다시 펀드나 ETF에 재투자해야 하는 번거로움이 있습니다. 이 과정에서 상품에 따라 중도해지에 따른 불이익이 있을 수 있습니다.

세금 측면에서는 세액공제 받은 납입금과 운용수익에 대해 16.5%의 기타소득세가 부과되기도 합니다. 특히 5년 이내에 해지하게 되면 '세제혜택을 받은 납입금액'에 대해 2.2%의 해지 가산세까지 부과됩니다. 또 연금저축 보험은 7년 이내 계약을 이전할 경우 중도해지수수료가 발생하고 또한 초기 사업비 공제가 많아 해지환급금이 납입원금보다 적을 수도 있다는 점을 감안해야 합니다.

이런 불편을 해결하기 위해서 정부는 2024년 10월부터 현금화하는 작업 없이 투자한 상품 그대로 이전이 가능하도록 정책을 바꿨습니다. 하지만 변액연금보험이나 저축보험, 종신보험 같은 상품 등 일부 상품에 대해선 현물이전이 불가능합니다.

연금 이전을 고려할 때는 자신이 앞으로 투자해야 할 시간을 따지는 것이 좋습니다. 수수료를 절감하기 위해서 앞으로 계속 돈을 집어넣고도 확정된 금리만을 받을 것인지, 수수료 손해를 감수하고 올라가는 자산에 투자할 것인지를 잘 따져보고, 선택하는 것이 좋습니다. 55세까지 아직 많은 시간이 남았다면 빨리 갈아타는 것을 추천합니다.

"투자에 늦은 때는 없습니다"

2022년 기준 평균 기대수명은 82.7세로 집계됐습니다. 코로나를 겪으면서 2022년 증가세가 주춤하긴 했지만 지속적으로 상승하는 추세입니다. 이 추세라면 내가 80세가 넘은 이후에라도 예상보다 더 오랜 시간을 돈을 쓰면서 보내야 할지 모릅니다. 100세까지 산다고 하면 45년을 더 지출할 돈이 필요한데 그 기간 동안 인플레이션을 고려하지 않은 확정금리의 자금으로 생활이 가능할지 따져봐야 합니다.

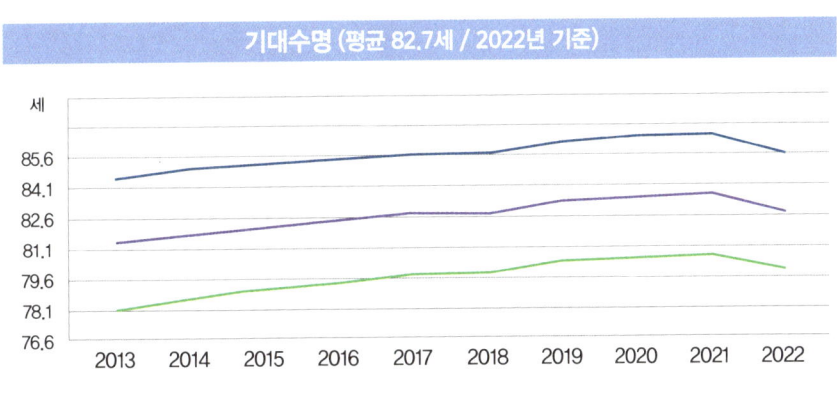

앞서 아이들의 투자에서도 언급했지만 S&P500 지수는 연평균 9%의 수익을 가져다줬습니다. 30년이면 270%의 수익이 가능합니다. 물론 매년 성장하지 않을 수도 있습니다. 하지만 예금에만 넣어둬서 오랜 시간 모은 돈이 노후에 한 자리수 수익률에 머물도록 둘 것인지에 대해서는 깊이 고민해봐야 합니다. 투자에 늦은 때란 없습니다. 계속 투자해야 하고, 늘 투자돼 있어야 합니다. 아이와 어른들의 투자에 차이가 있다면 주식의 비중을 조절하는 것입니다.

"나이에 맞는 주식 비중을 찾으세요"

외국에서는 보통 100에서 자신의 나이를 뺀 숫자만큼의 비중으로 주식에 투자하라고 합니다. 만약 내 나이가 40세라면 내 자산의 60%는 주식에 투자해야 하고, 50세라면 50%가 주식에 투자돼 있어야 한다는 뜻입니다. 주식은 단기적으로 변동성이 크기 때문에  투자할 시간이 많지 않다면 주식 비중을 너무 크게 가져가지 말아야 합니다. 하지만 100세를 기준으로 50년 이상 아직 투자할 시간이 있다면 주식에 50%는 투자하는 것이 좋습니다.

노후에 어떻게 자금을 꺼내 쓰나요?

2025년은 우리나라에 퇴직연금제도가 도입된 지 20년이 됩니다. 퇴직연금은 퇴직 이후 연금처럼 수령하라는 의미에서 정부에서 만든 제도인데, 정작 퇴직급여를 연금으로 수령하는 퇴직자들은 10%에 불과한 것으로 조사됐습니다. 상당수가 일시 수령을 하는데, 특히 퇴직연금 적립금이 적을수록 가입자의 일시수령 비중이 높은 것으로 조사됐습니다.

연금인출 시기에는 어떻게 수령하면 좋을까요?

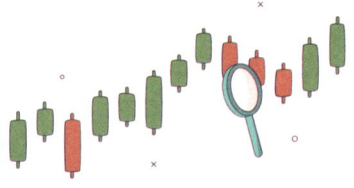

A 만약 연금 수령 시기 이후에도 수입이 있다면 계속 주식을 모으고 투자하는 것이 좋습니다. 앞으로 20~30년간 더 모을 수 있다고 생각하면 그 돈이 복리로 움직이니, 상상 이상의 돈이 모여 있을 수 있습니다. 원금이 많이 불어났으니 배당금도 쏠쏠해져 있을 겁니다. 노후가 되어서도 크게 돈 쓸 일이 없다면 꼭 팔 생각을 하지 않아도 됩니다. 하지만 자녀의 유학비를 줘야 한다거나 자녀가 결혼할 때 아파트를 사기 위해 증여를 한다거나 할 때 예금에 모아둔 돈이 없다면 어쩔 수 없이 주식을 팔아 현금을 마련해야겠죠.

"현금화할 때는 세금을 고려하는 게 좋습니다"

목돈이 필요하지 않더라도 노년에 더 이상 수입이 없을 때는 투자했던 돈의 일부를 생활비로 꺼내 쓰면 됩니다. 모았던 주식의 일부를 현금화해 생활비로 쓰는 것입니다. 다만 연금 IRP나 연금저축 계좌에서 인출할 때 월 100만 원씩 연간 1,200만 원선에서 인출을 하면 세금 혜택을 받을 수 있습니다. 앞서 언급했던 대로 연금 소득세는 나이에 따라 3.5~5.5%를 내고 수령할 수 있습니다. 국민연금과 개인연금을 합쳐 노후 자금으로 활용해야 국민연금만 받을 때보다 상대적으로 풍요로울 수 있습니다. 만약 연간 1,200만 원이 넘는 수령액에 대해서는 다른 소득이 있을 경우 종합소득세가 부과됩니다. 1,200만 원이 넘는 금액에 대해서는 추가 세금을 내고 수령하면 됩니다. 만약 일시금으로 수령한다면 기타소득세 16.5%가 적용되니 가능하다면 연금형태로 수령하는 것이 좋습니다.

만약에 목돈이 필요한 경우 중도인출 요건이 충족되면 연금소득세만 내고 인출할 수도 있습니다. 중도인출이 가능한 사유는 무주택자가 주택을 구입할 때, 본인이나 가족의 장기 요양 또는 의료비가 발생했을 경우, 또는 경제적인 어려움으로 파산이나 개인회생 절차를 진행할 경우입니다. 하지만 특별한 이유 없이 인출할 경우는 16.5%의 기타 소득세를 내고 인출해야 합니다.

2024년 기준 종합소득세율구간

과세표준(연간 소득)	세율	지방소득세 (세율의 10%)	합계 세율
1,200만 원 이하	6%	0.6%	6.6%
1,200만 원 초과~4,600만 원 이하	15%	1.5%	16.5%
4,600만 원 초과~8,800만 원 이하	24%	2.4%	26.4%
8,800만 원 초과~1억 5천만 원 이하	35%	3.5%	38.5%
1억 5천만 원 초과~3억 원 이하	38%	3.8%	41.8%
3억 원 초과~5억 원 이하	40%	4.0%	44.0%
5억 원 초과	45%	4.5%	49.5%

연금 투자를 하다가 55세 이전에 사망했을 경우에는 어떻게 되냐고 질문하는 경우도 있는데, 이런 경우에는 법정 상속인에게 상속되고 연금이 아닌 일시금으로 지급되는 것이기 때문에 연금 소득세가 아닌 기타소득

세 16.5%가 부과됩니다. 또 상속분에 대해서는 상속세가 부과될 수도 있습니다.

　이런 것들을 모두 따져본다면 연금저축펀드로 세제혜택을 받으면서 주식투자를 하는 것이 여러 가지 면에서 유리합니다. 아이들의 미래를 위해서라도 나의 미래도 풍요롭게 보낼 수 있도록 준비해야 합니다. 지금 시작해야 풍요로운 노후를 보낼 수 있습니다.

"우리 더 이상 소외되지 말아요! 주식시장 메인 플레이어가 됩시다"

15년째 주식시장을 들여다보면서 주식시장에서 여성과 아이가 소외돼 있다는 것이 늘 안타까웠습니다. 실제로 국민연금 통계에 따르면 '노령연금 수급자 비율'은 여성이 약 30% 정도로 남성의 절반 수준인 것으로 조사됐습니다.

국민연금통계 (2022년 기준)

노령연금 여성 수급비율 '남성의 절반'

60세 이상 노령연금 수급자 중 성별 비율

(단위: %)

	2012	2013	2014	2015	2016	2017	2018	2019	2020	2021	2022
남성	69.4	69.1	68.8	68.5	68.0	67.3	66.6	65.8	64.9	63.8	62.6
여성	30.6	30.9	31.2	31.5	32.0	32.7	33.4	34.2	35.1	36.2	37.4

그리고 금융감독원에 조사에 따르면 '연금저축'의 20세 이하 가입자 비중은 전

체의 0.6%인 것으로 나타났습니다. 정부가 국민들의 노후 준비를 위해 절세혜택을 주면서 가입을 유도하고 있는 연금저축은 0세부터 가입할 수 있지만 50대가 돼 뒤늦게 가입을 하는 실정입니다.

금감원 연금저축 현황 및 시사점 (2021년 기준)

(단위 : 천명, %)

구분	~ 20세	20~29세	30~39세	40~49세	50~59세	60~64세	65세~	합계
'20년	29	367	1,023	1,623	1,808	598	453	5,901
'21년	44	623	1,247	1,791	1,980	673	531	6,889
증가율	48.3	70.0	21.9	10.3	9.5	12.6	17.2	16.7
비중	0.6	9.0	18.1	26.0	28.7	9.8	7.7	100

'아이가 너무 어려서'라고 생각할 수도 있지만 워런 버핏은 "6세 아이에게 투자를 가르치는 것은 이미 늦었을 수도 있다"고 말했습니다. 그 이유는 0세부터 투자를 시작할 수 있는데 6세에 시작한다면 약 5년간 투자의 기회가 날아갔기 때문입니다. 투자는 일찍 시작할수록 유리합니다.

앞서 정리했던 내용을 살펴보면 투자는 사실 그렇게 어려운 것이 아니라는 것에 동의하셨겠죠? 지금 당장 시작할 수 있습니다. 나와 우리 아이는 주식시장에서 소외되지 않도록, 시간이 많이 흐른 뒤에 '아, 그때 했어야 했는데'라는 후회를 하지 않도록 이 책이 도움이 되기를 바랍니다. 꼭 실행하세요! 실행에 어려움이 있다면 인스타그램(@playconomy_reporter)으로 문의하세요. 언제든지 열려 있습니다.